자승스님의
묵묵부답

자승스님의
묵묵부답

자승스님 말하고

신동호 새겨 적다

자음과모음

련을 갖고, 미련해야 한다 | 사찰이 젊은이들의 근처에 있어야 | 사찰들이 힘을 통합해 신도와 함께해야 한다 | 일상 속에서 함께 울고 웃는 불교가 되어야 한다 | 융합의 지혜가 필요하다 | 전쟁 희생자 천도로 상생의 마음이 커지길 | 마음의 통일을 바란다 | 평화는 인내와 희생에서 온다 | 물품이 오가야 소식이 오가고, 소식이 오가야 미움이 줄어든다 | 히로시마의 비극은 우리 모두의 것 | 역사에서 배제된 서러움 돌아보기 | 생명을 대하는 우리의 태도가 바뀌어야 한다 | 작은 습관이 여명을 비춘다 | 갈등을 풀어낼 수 있는 희망이 있는 곳, 이곳이 극락이다

의 공간이다 | 경찰은 국민이 가장 가깝게 만나는 국가다 | 현대화
에 다가가는 불교 | 희망을 지킨 어르신들의 염려 | 자비의 손길을
세계로, 지구촌공생회 | 만해대상이 만난 사람들 1 | 만해대상이 만
난 사람들 2 | 생명나눔실천본부의 빛나는 별들 | 연화원이 만든 하
모니, 다른 한 과정 | 『솟대문학』이 키운 장애인 작가들 | 다시 추모
사를 읽고 싶지 않다

살아 있는 모든 존재는 서로가 너무도 고마운 관계입니다.
내 안에서 남을 볼 수 있고,
남의 얼굴에서 나의 웃음을 본다는 것은
부처님의 가르침에 따라
지혜의 눈을 갖는 것입니다.
행복은 멀리에 있지 않습니다.
이 순간 이곳,
우리의 작은 마음과 조그마한 웃음으로도
우리는 충분히 아름답습니다.
충분히 즐겁고 행복합니다.

스님은 평소 말씀이 적었습니다. 지극히 절제하셨습니다. 여분의 공간을 만들어 말해야 하는 이, 행동해야 하는 이에게 그만큼의 시간을 배려하였습니다. 단지 시대마다 시간과 공간의 공백을 채우고자 했던 최소한의 조력자이고자 했습니다.

그러기에 여기에 소개되는 스님의 글과 말들은 언어적 메시지에 멈춰 있지 않고, 시대 상황 위에서 생동하는 입체적 메시지라 할 수 있습니다. 이러한 스님의 말씀에 시인은 대화를 청하여 묻고 답을 찾아가고 있습니다.

하지만 책장을 넘기다 보면 물음과 답의 경계가 사라지고, 이미 정해진 답에 질문을 달기도 하고 스님의 질문에 시인이 답하기도 합니다. 모든 말들이 하나로 이어져 분별이 없어지는 친절하면서도 절묘한 안내자로 다가옵니다.

세상사 어려움이 있으면 그만큼 쉬운 일이 있듯이 어려운 물음에는 친절한 답이, 쉬운 물음에는 사색에 들게 하는 답변들이 묘한 '묵묵부답'으로 들어섭니다. 한가운데에서 서서 벗어나 있는 것들을 다시 제자리로 끌어오려 했던 마음이 모두 보이는 해답입니다.

　불교의 가치관이 삶과 사회 곳곳에서 울림과 파동으로 이어지길 원하셨으니, 모든 분이 스스로 답을 찾고 길을 찾아내길 바랍니다. 결국 이 글과 말들을 대하는 건 독자인 '나' 자신입니다. 스스로 심향과 천안을 느껴보시길 바랍니다.

—

진우스님(대한불교조계종 총무원장)

자승스님은 대한불교조계종 제33~34대 총무원장을 역임하시면서 한국종교지도자협의회, 한국종교인평화회의 공동회장단으로 이 땅의 소통과 화해, 평화를 위해 헌신하신 불교계의 큰 어른이십니다. 여러 해 동안 종교 간 화합을 위한 일로 자승스님과 지척에서 만나면서 나누었던 몇 가지 일들을 회상해봅니다.

제가 천주교 광주대교구 교구장을 역임하던 2005년, 자승스님께서는 우리 교구에서 마련한 가톨릭 신앙 강좌에서 '이웃 종교에 대한 이해'를 주제로 500여 명의 신자에게 강연을 하셨습니다. 이날 스님께서는 종교 간의 상호 존중을 강조하는 강의를 펼쳐 열띤 호응을 얻었습니다. 스님께서는 개인적으로 법문이나 강연은 1994년 이후 처음이라고 하시며 타 종교에 대한 이해와 배려, 소통은 우리 시대에 꼭 필요한 덕목이라 강조하셨습니다. 그리고 "구원은 믿음과 은총, 선행이 함께해야 하고 나눔을 실천하는 회향이 따라야 한다"는 말씀과 함께 "나와 내 가족이 먹을 것 이상은 이웃과 함께 회향하고 나보다 못한 이에게 되돌려줘야 한다"라고 말씀하셨습니다.

그리고 자승스님께서는 성탄을 앞둔 시기에는 조계종 총본산인 조계사에서 종교 간 화합과 평화를 기원하는 성탄 트리 점등식을 하시면서 자비와 사랑으로 평화로운 세상이 되기를 기원하셨고, 이 땅에 오신 예수님의 탄생을 함께 축하해주셨습니다.

스님께서는 사회적 약자를 위해서도 남다른 관심을 보이셨습니다. 자비 나눔의 실천으로 천주교와 개신교 복지시설을 통해 소외 이웃에게 영·유아용품을 전달하는 등, 고통받는 우리 사회의 이웃들에게 자비의 손길로 다가가야 한다고 가르치고 또 실천하신 분이셨습니다.

그뿐만 아니라 한반도의 평화와 남북불교 교류 활성화 등 불교 발전을 위해서는 물론이고, 불교의 대사회 역할을 강조하시며 사회통합과 국민화합을 위해 모범을 보여주신 분으로 기억되고 있습니다.

이렇듯 종교계와 우리 사회, 국가에 많은 업적을 남기신 자승스님의 책 『자승스님의 묵묵부답』이 출판된다니 기쁘고 또 축하드립니다. 아무쪼록 스님의 어록을 많은 사람이 읽어 깊은 가르침을 배워 알고 실천할 수 있는 좋은 기회가 될 수 있기를 빌어 마지않습니다.

—

김희중 대주교(前 한국종교인평화회의 대표회장)

홀연히 우리 곁을 떠난 자승스님을 생각하면 아프고 아쉽습니다. '동시대를 함께 살아온 종교인의 한 사람인 나는 어떤 삶을 살아가고 있는가'를 반추하게 하기 때문입니다.

저는 한국종교인평화회의를 통해 자승스님을 만났습니다. 짐작하시겠지만, 다른 교리와 전통을 가지고 있는 한국의 주요 종단이 함께하는 것은 쉬운 일이 아닙니다. 종교인 상호 간의 교류와 이해를 증진하는 일은 차치하더라도, 우리 사회의 당면한 과제에 대해 같은 견해를 가지고 사업을 수행하는 일은 더욱 어려운 일이었습니다. 그러나 자승스님은 한국종교인평화회의를 잘 이끌어주셨습니다. 당시 함께했던 저에게는 스님에 대한 크고 작은 기억이 많습니다. 아픔과 아쉬움을 떨쳐버릴 수 없는 이유이기도 합니다.

그러나 이러한 상념들은 자승스님을 만났던 저의 작은 경험에서 온 것입니다. 그렇기에 그분의 삶과 종교인으로서의 깊은 뜻을 잘 헤아리지 못하고 있었는지도 모릅니다. 그래서 그분을 그리워하는 후학들이 『자승스님의 묵묵부답』이라는 제목으로 스님의 어록을 모아 책으로 출간한다는 소식이 다행스러웠습니다.

그분을 그리며, 한편으로는 그분의 삶과 생각들을 더듬어보고자 하는 것이겠지요.

저는 책 속에서 자승스님의 생각과 삶의 일단을 보았습니다.

"참 나를 바로 보면 이웃의 고통과 어려움 (……) 우리 모두 자신을 둘러싼 고통의 원인과 주변의 현실을 고요하고 온전히 바라볼 수 있기를 바랍니다." (우리 시대의 깨달음, 「바로 보기」중)

"기도와 염불, 참선과 경전 공부도 중요한 수행 방법이지만, 걷거나 혹은 머물러 있는 것, 앉거나 눕거나 서 있는 것, 말하거나 침묵하는 것, 우리의 일상적인 모든 일이 수행과 다르지 않습니다." (우리 시대의 수행길, 「꼬르륵 소리만큼 정직한 건 없다」중)

"억압과 불의가 만연하고 욕망이 타자에 대한 폭력이 되는 이 시대, 고통이 깊어 원한이 되는 현실을 이대로 두고볼 수 없습니다." (우리 시대의 고행길, 「길거리의 부처님들」중)

"특히 성지순례와 기도만 하는 것이 아니라 전국 방방곡곡의 농촌, 산촌, 어촌의 지역민들을 돕는 일에 적극 나서고 (……) 환경보호에 앞장서는 것은 현시대의 요구를 충족하는 신행의 큰 모범이라 하겠습니다." (우리 시대의 해탈길, 「나눔으로 산보다 커진 사람들」중)

"(숭산행원스님은) 위대한 선승이면서 동시에 행동하는 스님이셨습니다. 행동하는 선사 숭산행원스님의 진면목은 광주민주화운동을 진압하고 10·27법난을 자행한 전두환 정권을 비판하는

서한을 보낸 일화로도 증명됩니다." (우리 시대의 스승들, 「숭산행원 스님」 중)

　이처럼 이 책은 스님의 생각과 삶을 알게 할 뿐 아니라, "우리 시대를 어떻게 살아가야 하는가?"에 대한 교훈을 주고 있습니다. 일독을 권합니다.

—

김영주 목사(前 NCCK 총무)

우리 시대의

깨
달
음

신독愼獨

신라시대, 의상스님은

"한 티끌의 먼지 속에도 천지의 요소가 함께 있고

짧은 한 생각이라도

만년의 기억으로 이어진다"고 하셨습니다.

한 사람의 일생은

우리 모두의 역사와 무관하지 않으며

지금 우리의 한 생각은

미래 후손들의 방향을 결정하는

중요한 기준이 될 것입니다.

선방에서 좌선 중 깜박 정신을 잃고
앞으로 쓰러졌다. 그 상태로 생각한다. 누웠다고 할 것인
가, 아닌가. 내 안에서 자꾸 아니라고 변명을 만든다. 부끄
러운 일이었다. 옷깃을 여민다. 거짓을 삼킨다. 보는 이 없
는 방에서 앉음새를 고쳤다. 먼 훗날에게, 부끄럽지 않기
를 갈망했다.

당신이 있어 내가 있다

우리는 발원과 인욕행을 되새기며

스스로를 돌아보아야 합니다.

우리에게는 간절한 서원이 있는가?

오래 기다리고, 더디 가도 함께 가려 하는가?

스스로 돌아보고, 다시 한번

불퇴전不退轉의 서원을 새겨야 합니다.

그것이 종조의 뜻을 계승하는 것이며

종지를 선양하는 일입니다.

우리 사회는 이와 같은 인욕과 화합의 가르침을

절실히 필요로 하고 있습니다.

문명은 발달했으나 오히려 정신의 삶은 퇴보하고,

대화의 길은 많아졌으나 서로 존중하고 배려하는 마음은

소홀해지고 말았습니다.

불합리한 사회현상의 연속으로

민생은 조그마한 사안에도 이겨내려는 용기보다

불안이 먼저 들어서고 있습니다.

그래서 이 땅에는 더욱 더

부처님의 진실한 가르침이 필요합니다.

　　　　　　가장 편리한 방법은 생각나는 대로 과격하게 말하는 것이고, 가장 어려운 방법은 감정을 삭이고 상대를 배려해 말하는 것이다. 그런데 과격한 발언은 남고 배려의 말은 사라지는 것처럼 보인다. 별로 주목하지 않는 것 같지만, 사실 삶의 깊숙한 곳에서는 누구나 좋은 말 한마디를 기대한다. 역시 한 사람의 인생을 알면 미워하기 어렵다. 그런데 우리 쪽 사람이 아니면 아예 인생을 들여다볼 생각이 없다. 사실 일상에서는 그렇지 않다. 고향만 알아도, 어떤 직장을 다니는지만 알아도 잘 미워하지 않는다. 자기를 알아주기를 누구나 기대한다. 그저 배려하며 말하면 된다. 인생을 들어주면 된다.

언젠가 우리가 서로를 도울 것

여름은 여름이라 덥고

겨울은 겨울이라 춥습니다.

그 환경을 인정하고 받아들이면

세상살이가 한결 수월해질 것입니다.

그러나 우리는 자신이 처한 환경과 처지에 대한

불만과 고통에서 벗어나지 못하고

항상 그 바다에 빠져서 고통받고 있습니다.

고통의 바다를 건너는 방편은 항상 우리 곁에 있는데도

우리는 그를 알지 못하고 실천하지 못하고 있습니다.

고통의 바다를 건너는 핵심의 방편은

바로 자비입니다.

　　　　　　어둠은 두렵지만, 주변을 살피도록
하는 힘이 있다. 새소리, 나뭇잎 떨어지는 소리가 예사롭
지 않다. 고스란히 자신 안에 들어온다. 어둠은 벗이 된다.
뙤약볕은 대지를 키운다. 눈보라는 우리를 안방에 옹기종
기 모이게 한다. 우리는 알고 있다. 우리 곁에 삶의 해답이
있다는 것을. 불교는 자비의 문중이다. 자비 속에는 주변
을 살피도록 하는 힘이 있다. 들리지 않던 소리가 들릴 것
이다.

가난에서 배운다

부처님께서는 대열반이란 깨달음의 실천으로서

"작고 궁핍한 사람들의 곁으로 가는 것이며,

작고 궁핍한 흙벽 집 사람들 곁에서

작고 외로운 사람들 곁에서

보잘것없는 외로운 것들 곁에서

그들과 함께 사는 것,

그들과 함께 가는 것"이라고 말씀하셨습니다.

가난은 부자의 반어가 아니다. 삶의
구체적인 한 유형이다. 우리 대부분은 수십만 년 동안 구
한 만큼 먹고, 얻는 만큼 가졌다. 저장하지 않고 나누며 버
리지 않고 이웃집 문을 두드렸다. 부처님 45년의 설법 대
중견성大衆見性의 가르침은 모든 생명에 대한 깊은 연민으
로부터 출발한다. 입멸의 시간이 다가오자 부처님은 라자
그리하에서 칠불쇠법七不衰法을 설하시고, 웨살리에서 귀족
의 공양을 마다하고 가난하고 소외된 자들과 함께했다.
가난한 자들은 함께 산다. 본래 함께해야 할 삶이었다.

나무가 수직으로 솟을 때
가지는 수평으로 뻗는다

민주주의의 기본은 대화와 타협입니다.

그러나 조급하게 상대방을 완력으로 제압하려는 문화가

우리 사회 곳곳에 팽배해가고 있습니다.

기성세대와 신세대 간 중요한 사회문제에 대해

의견이 극명하게 엇갈리며

심각한 세대 간 갈등을 예고하고 있기도 합니다.

상대방의 얼굴에서 내 모습을 보지 못한다면

격랑은 점점 커지고 우리가 탄 배는

더욱 작아져만 갑니다.

이 모든 것의 바탕에 신뢰의 위기가 자리하고 있습니다.

높이 올라가려는 마음을 끌어 내리
려 하면 다툼이 생긴다. 나무가 수직으로 솟을 때 가지가
수평으로 뻗듯, 가지가 곧게 자랄 때 잎이 넓어져 그늘을
만들듯, 수직에는 수평으로, 곧은 것에는 넓은 것으로 응
수해야 다툼이 사라진다. 부처님은 사람들이 자주 모여
회의를 통해 의견을 나누는 공동체는 어떠한 위협보다 강
하다고 하셨다. 화목하게 함께 운영하는 사회, 앞사람들
이 정한 규칙과 법률을 중시하며 함부로 깨뜨리거나 고치
지 않는 나라는 누구의 침략도 받지 않을 것이라고 하셨
다. 우리는 각자 잘하는 일이 있다. 상대방이 올라가려거
든 널리 민생을 살필 일이다. 상대방이 곧고 날카로워지
려 하거든 그늘을 드리울 일이다.

작은 시작

한 점의 불씨도 모으면 쇠나 돌을 녹일 수 있고

한 가닥의 터럭도 여러 가닥을 합치면

천 근의 무게도 끌 수 있으니,

이는 다 합하고 뭉친 까닭입니다.

처음 작은 불씨만 보고서야

어찌 쇠와 돌을 녹일 수 있다고 생각할 것이며,

터럭 한 가닥만 보고서야 어찌 그것이

무거운 물건을 끌 수 있으리라 생각하겠습니까.

그러나 아무리 작은 것들이라도 뭉치고 보면

그 힘이 불가사의하게 늘어나서

쉽게 녹이고 쉽게 끌 수 있게 되는 법입니다.

더욱이 지혜를 가진 사람들이 뭉친 힘으로야

무엇을 이루려 한들 이루지 못하겠습니까.

개혁은 외롭다. 해야 할 분명한 이
유가 있지만, 하지 않아야 할 이유는 항상 더 많은 법이다.
팔만대장경도 작은 한 글자들이 모여 이룬 장엄이다. 장경
이 간직한 역사적 무게에 고된 작업에 몰두한 시간이 더
해졌다는 것을 장인은 미처 몰랐을 것이다. 800년 세월을
넘어 한 승려가 장경의 웅장한 존재 앞에 절로 고개 숙일
줄은 장경각을 지은 대목장조차 상상하지 않았을 것이다.
변해야 할 때, 때를 놓쳐서는 안 된다. 변해야 할 때, 반드
시 힘을 모아야 한다. 촛불은 아직 꺼지지 않았다. 우리가
하지 않아야 이유를 하나씩 덜어내고 있을 뿐이다.

멈춰, 뒤돌아보기

현대를 살아가는 우리는 존재 이유에 대한

근본적인 성찰을 할 시간도 없이

치열한 경쟁사회 속에 던져진 채 탐욕과 성냄,

어리석음으로 인해 고독한 존재로 내몰리고 있습니다.

한국불교역사문화기념관 입구 계단 오른쪽에는

'조고각하照顧脚下'란 글귀가 적혀 있습니다.

또한 사찰에 가보면 스님들이 신발을 벗어놓은 곳에도

'조고각하'가 적혀 있습니다.

이 말은 현대적으로 해석하면

"발밑을 살피듯 지금 그 자리를 잘 살펴보라"는 뜻으로

자기 마음을 먼저 돌아보고 스스로 겸손하라는 의미입니다.

무자비한 경쟁사회에서 숨 돌릴 틈조차 없이 살아가는

우리 모두가 새겨봐야 할 화두이지 않을까 싶습니다.

　　　　빅토르 위고는 "한 시민의 자유는
다른 시민의 자유가 시작되는 곳에서 끝난다"라고 말했
다. 그러나 우리는 그 시대의 변화로부터 지혜를 얻어 서
로를 돌아보게 되었다. 이제 우리는 "당신이 자유로울 때
나도 자유롭다"고 말한다. 우리에게 자유란 가지런함이
다. 절집 마루 앞에 나란히 놓인 신발은 뒤를 돌아볼 줄 아
는 사람들이 남긴 아름다운 자취다. 뒷사람의 마음까지
챙겼다. 누군가가 조금 떼어 덜어놓은 자유가 뒷사람에게
가면 늘 더 커진다. 산사에 새가 내려와 자주 기웃댄다. 인
간의 자유가 궁금한 새들이 뒤뚱뒤뚱 마당을 걸어본다.

모두 내려놓고 다시 태어나기

태어나는 모든 존재는 반드시 죽음을 맞이합니다.

단순히 생명이 끊어지는 것이 아니라

모든 것을 완전 연소하여

또 다른 시작을 스스로 결정할 수 있다는 것을

불교에서는 '열반'이라고 합니다.

그렇기에 열반은 단순히 이 생이 끝나는 것을

말하는 것이 아니라 내 마음을 평안으로 이끄는

영원한 안식처를 찾는 것입니다.

번뇌의 불꽃이 모두 소멸하고

일체의 고통이 사라지는 경지에 달하는 것은

비단 불자뿐만 아니라 모든 이의 서원입니다.

다양한 사유로 고통을 겪는 현대인들에게

부처님 말씀이 따뜻한 치유 약이 될 것입니다.

인간은 생명의 총체이며 동시에 무
덤이다. 모든 존재는 서로의 존재 속으로 들어가고, 투영
하고, 다시 태어난다. 세상에 끝은 없다. 인간의 삶도 자손
으로, 자취로, 기억과 추억으로 살아 있다. 부처님은 생로
병사가 주는 고통의 해답을 찾기 위해 오랜 고행을 자처
했다. 육체와 정신의 일체를 통한 진정한 깨달음을 얻었
다. 우리 모두의 깨달음이다. 완전한 행복, 열반에 이르는
길은 부처님 안에 있고, 동시에 우리 안에 있다. 꾸쉬나가
라의 사라 쌍수나무는 멀리 있지 않다. 용서와 비움, 이해
와 인정이라는 쌍수나무가 언제나 우리 곁에 있다. 우리
는 사라질 존재들이며 다시 태어날 존재들이다.

믿음의 힘

오늘날 자력 종교를 지나치게 강조하다 보면,

기도와 신심이 청정한 마음으로

원력을 이루어가는 중요한 방편인데도

의도치 않게 이를 등한시할 우려가 있습니다.

불교뿐만 아니라 많은 종교의 근간은 돈독한 믿음입니다.

믿음이 없이 어떤 수행이나 깨달음도 있을 수 없습니다.

불보살님에 대한 금강석 같은 믿음이 있어야만

그것을 넘어서 마침내 부처님이 되고

대자유에 이를 수 있는 것입니다.

고향을 떠나왔지만, 거기에 고향이 그대로 있으리란 믿음이 있다. 그 믿음으로 고향을 그리워하고, 언젠가 고향으로 돌아가리란 소망을 품는다. 임제 선사는 "부처를 만나면 부처를 죽이고, 조사를 만나면 조사를 죽이라"고까지 했다. 믿음에 대한 역설이다. 마지막 끈마저 내려놓아야 믿음은 흔들리지 않는다. 치열한 수행만이 의심을 벗어던질 수 있다. 고향의 봄에는 올해도 버드나무 새순이 가장 먼저 돋아날 것이다. 내 안의 부처님도 반드시 연꽃처럼 필 것이다.

당신이 가는 쪽으로 바람이 분다

임제스님께서는

"수처작주 입처개진隨處作主 立處皆眞"

이라 하셨습니다.

언제 어디서나 주인공으로 살아간다면

그 자리가 곧 가장 진실하고 행복한 자리가 될 것입니다.

우리가 내 삶과 이 세상의 주인공으로서

지혜로운 판단과 선택으로

국가적인 위기를 극복하고

새로운 미래를 건설한다면

역사는 행복한 해였다고 기록할 것입니다.

길을 나섰는데 어디로 가야 할지 모르겠다. 바람이 부는 곳으로 갈까. 서성이다가 이내 돌아온다. 역사는 성큼, 목적지를 향한 이들에 의해 이어져 왔다. 그것이 모두 성공에 이른 것은 아니다. 패배의 쓰라림도 어느새 사위고 긴 기다림 끝에 뜻을 이루기도 했으니, 패배도 이미 그들의 마음에 두었던 것인지 모른다. 인생의 주인이 된다는 것은 어렵다. 명백히 옳은 길이라 생각하고 선택했지만, 너무 이르기도 했고 세월이 지나 길이 달라지기도 한다. 그래도 문을 열고 길을 떠나야 한다. 자신의 선택이야말로 옳은 길이다. 선택에 대한 책임을 다하는 순간, 인생의 주인이 된다. 당신이 가는 쪽으로 바람이 분다.

진짜가 되어야

흔히 간화선을 불교의 최상승 수행법이라고 말하고,

21세기 문명사회와 인류의 정신세계를 이끌

대안 사상이라고 이야기합니다.

본래의 성품 자리를 바로 보고

단박에 여래의 경지에 들어가는 간화선은

온갖 말의 향연이 끊어지고言語道斷,

마음속의 갖가지 번뇌가 끊어진心行處滅 자리에서

화두라는 의문 덩어리 하나에 집중할 때

그 깨달음의 길이 열리는 것이기에

온갖 주의·주장과 삿된 이론이 난무하는

현대사회를 진정시킬 수 있는 대안임에 분명합니다.

그렇지만 한편으로는 21세기를 맞아

간화선의 위기가 도래했다는 이야기도 들리고 있습니다.

현대인들이 말을 따라가고, 이해가 수반되어야

믿음을 갖는 시대가 되었기 때문입니다.

이런 바람이 불가에도 불어와

수행 풍토가 어지러워지고,

여러 외래 선禪이 많이 들어와

이제 스님들 가운데서도 많은 수가

이런 수행법을 받아들이고 있습니다.

구슬이 서 말이라도 꿰어야 보배이듯이

간화선을 대중화하고 세계화하는 노력 없이는

현대인들에게 다가갈 기회조차 만들 수 없습니다.

또한 수행을 이끌어가는 스님들이

올곧이 수행할 수 있는 환경과 풍토를 만드는 것 역시

간화선 중흥의 중요한 관건입니다.

간화선을 통해 생의 의문을 해결하고

진리로 나아가는 문을 열 수 있도록 함께 노력합시다.

술꾼이라도 화두를 붙잡고 있으면 진짜 술꾼이다. 아니면 그저 주정뱅이다. 화두를 들고 정진하는 사람은 공장에도 있고, 대학 강의실에도 있고, 밤 늦도록 불 켜진 문간방에도 있다. 자기 세계에서 진짜들이다. 그들은 화두를 들고 부딪쳐 깨지면 다른 화두를 든다. 그러다 돈오의 경지에 이르기도 한다. 그들, 진짜들에 의해 우리는 숨통을 튼다. 간화선이 산문을 내려온 지 오래다. 한국 불교의 위대한 기여다. 그러나 바른 깨침인지 누가 알려줄 것인가. 아직 대중은 갈 곳을 찾아 헤맨다. 큰 스승이 없다. 우리 시대의 부처 되기가 난망이다.

지켜야 할 것이 있어야 자유롭다

계율은 2,600년 동안 승가를 유지·발전시켜 온

근간이자 원동력입니다.

계율은 승가의 청정성을 지켜냈고

공동체 내부의 화해와 화합을 이끌어냈습니다.

이렇게 계율이 시간과 국경을 초월해

승가의 초석이 될 수 있었던 이유는 무엇일까요?

그것은 계율이 화석처럼 굳어 있지 않고

늘 시대의 흐름에 적극적으로 조응해

변화하고 발전했기 때문입니다.

인도에서 시작된 불교의 계율이 중국 당나라에 와서

『백장청규』로 새롭게 태어난 역사가 그 대표적 사례입니다.

그러나 『백장청규』가 만들어진 지

1,200여 년의 세월이 흘렀습니다.

21세기는 '신인류가 사는 놀라운 세상'이 됐습니다.

대한불교조계종은 그동안 청규의 정신을 이어받아

『대비원력의 발심과 실천을 위한

대한불교조계종 승가청규』를 새롭게 제정합니다.

그동안 청규의 대상은 주로 수좌스님이었지만

이번 종단 청규의 대상은 선과 교와 율, 이와 사

모든 스님을 아우르고 있습니다.

승가가 솔선수범해 이 청규를 실천함으로써

불교가 현대사회에서 종교적·사회적 역할을

다할 수 있을 것입니다.

강을 건너려면 뗏목에 타야 한다. 작은 것에 소홀하면 물이 새고, 물이 새면 강을 건너는 일에 최선을 다할 수 없다. 뗏목이 튼튼하면 풍랑이 오히려 즐겁다. 들려줄 이야기도 많다. 약속을 다하면 마음이 자유롭다. 변명의 유혹에 빠지지 않게 된다. 깨달음의 강을 건너는 뗏목은 계율이다. 계율이 시대에 맞지 않으면 지키기 힘들어진다. 오온, 십팔계의 물질에 현혹된다. 변명을 만들고, 탐진치의 강물 속으로 침몰한다. 튼튼한 계율에 올라타야 자유로워진다. 공, 무상, 대원의 바라밀행을 쉼 없이 벌여나가려면 시작과 끝이 분명한 계율이 있어야 한다. 뗏목을 단단하게 묶는 밧줄이 그것이다. 깨달음의 강은 급류가 잦다. 새 밧줄은 항상 예비해야 하는 법이다.

꽃이 져도 아름다움은 사라지지 않는다

상나화수 존자가 나이를 묻고

우바국다 존자가 "17세"라 답하자

상나화수 존자는 "그대의 몸이 17세인가

성품이 17세인가?"라고 다시 물었습니다.

그러자 상나화수 존자는 "성품이 17세는 아닙니다"라고

답하고는 오히려 존자께 여쭈었습니다.

"스님께서는 마음이 희십니까? 머리가 희십니까?"

존자의 법거량을 지혜롭게 받아내고

오히려 질문을 던지니

상나화수 존자는 즐거이 대답했습니다.

"머리카락이 흰 것이지 마음이 흰 것도

머리가 흰 것도 아니니라."

두 존자께서는 법거량을 통해

몸의 나이와 상관없이 불성이 영원함을 밝히시고

마음은 결코 늙지 않음을 드러내셨습니다.

누군가를 만나는 일은 그날그날 다시 태어나는 일이다. 끊임없는 만남으로 우리는 새로운 꿈을 꾸고, 서로에게 꿈이 된다. 나이는 한낱 껍데기에 불과하다. 부처님의 법을 전해받은 상나화수 존자가 다시 법을 전하게 되는 우바국다 존자를 만났을 때, 서로에게 가야 할 길이 분명해졌다. 꿈이 있으면 내일이 기다려진다. 만나는 이들이 소중해진다. 부처님의 법을 따르고 수행하며 깨달음을 추구하는 불자들에게 세월은 무상하지 않다. 언제나 젊다. 꽃이 져도, 그 붉은 시절이 우리 마음에서 사라지는 것은 아니다.

우리 가슴에 무엇이 있는가

자신의 꿈이 무엇인지 고민하지 않고

끌려가는 시대입니다.

따라서 "우리의 가슴에 무엇이 있는가"라는 물음을 통해

스스로의 지향점이 어디인지,

목표는 무엇인지를 고민하는 시간은

매우 유익한 정진의 연속입니다.

하루에 잠시라도 '나'를 지긋이 들여다보고

다시 그 시간들이 쌓이고 쌓이면

스스로를 발전시키는 단단한 주추가 되어줄 것입니다.

지향점을 찾아 소소한 것이라도 시작하고

목표를 이룰 때까지 끊이지 않고 실천하기를 바랍니다.

꽃은 꽃망울을 터트리고, 곤충은 허물을 벗는다. 오랜 시간을 버틴 결과다. 사람도 몸살을 앓는다. 성장한 육체는 사랑의 몸살을 앓고, 세상과 부딪치면 꿈을 이루기 위한 몸살을 앓는다. 꽃은 벌과 나비의 도움을 받고, 매미는 땅속에서 7년을 기다린다. 우리 시대의 기성세대는 가진 게 너무 많다. 잘 내놓지도 않는다. 새로운 세대가 새로운 생각, 새로운 일로 새 길을 가야 한다. 꿈을 이루기 위한 몸살은 좀처럼 사그라지지 않는다. 가슴에 무엇이 커가고 있는지, 그것만 놓치지 않으면 된다. 함께 갈 사람은 늘 많다.

바로 보기

마음의 그늘을 걷어내고 모두 지혜의 등을 켭시다.

참 나를 바로 보면 이웃의 고통과 어려움,

갈등하는 모든 인연의 관계가 드러날 것입니다.

우리 모두 자신을 둘러싼 고통의 원인과 주변의 현실을

고요하고 온전히 바라볼 수 있기를 바랍니다.

　　　　　　미물도 각자 자신의 삶을 살고, 작은
것도 존재의 이유가 있다. 나를 존귀하게 여기는 가장 빠
른 방법은 남 또한 존귀하게 여기는 것이다. 분별하는 마
음을 거두면 참 세상이 보인다. 부처님께서 깨달으신 중
도연기中道緣起야말로 나와 이웃, 우리 사회, 뭇 생명과 모든
존재가 행복해질 수 있는 참된 소통의 길이다. 지나가는
바람이 나를 위해 불어준 것은 아니다. 그러나 나를 지난
바람은 작은 온기를 나비에게 전한다. 이웃의 웃음소리가
창문으로 새어 나온다. 덩달아 발걸음을 재촉한다.

우리 모두는 만난다

숲은 수많은 나무로 이루어졌으며

꽃밭은 형형색색의 무무한 꽃들로 장엄하고 있습니다.

하나하나의 나무와 꽃은 절대적으로 존귀하며

그것들 하나하나가 모여 숲을 이루고

꽃밭을 이루고 있다는 연기의 이치를 생각한다면

우리의 선택은 분명합니다.

모든 생명은 그대로가 존귀한 부처님이며

서로 의지하여 살아가는 고마운 존재임을 깨달아야 합니다.

그리고 차이를 넘어, 보편적 상생의 길을

모색하고 실천하며 끊임없이 우리 자신을 비우고

우리의 마음을 나누어야 합니다.

우리는 비움과 나눔으로

행복한 세계를 열어가는 동행자입니다.

 길은 다르다. 방향도 같지 않다. 거
친 산을 오르다 보면 지친다. 구부러진 길을 걷다 보면 지
루하다. 멈춰서기를 반복한다. 어둠 속에서 한곳을 맴돈
다. 그렇지만 언젠가는 저마다의 사연을 안고 목적지에서
만나게 된다. 차이가 있다면 마중 나와주는 사람이 누구
인가, 뿐이다. 하나같이 소중한 순간들이다. 내가 걸어온
길은 다른 이들에겐 미답의 길이고, 다른 이들이 겪은 고
난은 내가 미리 알고 벗어버릴 수 있는 고난이다. 다 왔다.
손 흔들어주는 이는 나인가, 당신인가.

고난이 주는 해답

추석을 맞아 붓다의 일대기를 묘사한

『사람의 맨발』을 보내드립니다.

읽어나가다 보면 누구든 '성인'이나 '영웅'이 아닌

'인류 역사 속에 실존했던 한 인간으로서의 싯다르타'를

생생하게 느끼게 될 것입니다.

현재를 살아가는 사람들은 수준 높은 설교나 강연보다는

어렵게 살아가는 우리 이웃들에게 찾아가

따뜻한 마음을 전하는 발걸음에 더욱 감동합니다.

"독자들이 싯다르타의 맨발을 통해 출가 정신을 잊지 말고

참다운 자유인으로 살기를 바란다"고 한

이 책의 희원처럼 '참다운 자유인의 길',

물론 쉽지 않지만 그렇기에 더욱

떠나볼 만하지 않겠습니까?

　　　　　　　　　언제든 지식을 얻을 수 있는 시대다.
물어볼 곳이 많고, 즉시 답을 구할 수 있는 시대다. 사람들
은 저마다의 세계를 구축하고 그 안에서 판단하며 산다.
그러나 삶의 지혜는 어디에서 만날 것인가. 『사람의 맨발』
은 묻는다. "길 위에서 태어나 평생토록 온 세상 길을 맨
발로 걸어 다니며 길 위에서 열반하신 싯다르타의 맨발이
란 무엇인가?" 그 대답은 기다리지 않고 찾아가는 것에 있
다. 그 현장에 삶의 지혜가 있다. 답을 찾아 길을 나서야
한다. 우리의 맨발은 가는 길 내내 이웃의 감촉을 기억할
것이다.

변화하는 내일과 친해지기

우주의 만물과 현상은 끊임없이 변하기에

부처님께서는 모든 것이 허상이고 허망하므로

애착을 가지지 말라고 가르치셨습니다.

현대의 전문가들도 모든 것은 잠시도 멈추지 않고

끊임없이 변하고 있다는 것을

과학적으로 증명하기도 하였습니다.

따라서 우리는 삶이 어렵고 힘들어도

서로에게 감사하고 의지하며 희망을 만들어가야 하고,

늘 기도하는 마음으로 변화하는 삶에

슬기롭게 대처해나가야 할 것입니다.

흑암은 묻는다. "서천의 달마는 어째서 수염이 없는 것이냐?" 흑암은 멀쩡히 수염을 기른 달마를 보고 수염이 없다고 한다. 눈앞에 보이는 현상의 무상함을 짧은 물음 속에 깨치고 있다. 우주도 생명도 언제나 가변적이다. 한없이 느린 우주의 시간은 태양의 늙어가는 모습도, 무시무시한 지각변동도 우리와 무관한 일로 여기게 한다. 외출한 사이 집이 산꼭대기에 올라앉는 상황은 우리에게 오지 않는다. 얼마나 다행인가. 그러나 아주 먼 훗날의 일이라도 변화를 읽고 변화에 잘 대처해야 한다. 흔들리는 땅 위에 불행을 가져올 것들을 짓지 말아야 한다. 눈앞의 이익 뒤에는 늘 미래의 비용이 숨어 있다. 마치 내일이 없듯 살아서는 안 될 일이다. 내일과 조근조근 이야기를 나눌 일이다.

산 위의 바람은 누구에게나 닿는다

대학을 나오고서도 일자리를 구하지 못해

머나먼 외국의 수십 미터 깊이 탄광이나

병원에서 고생해야 했던 시절에 비하면

이제 극심한 가난의 시대는 사라졌습니다.

그러나 동서고금을 막론하고 국민들의 불만은

절대적인 결핍이 아니라 상대적인 박탈감에서 생겨납니다.

부처님께서는 "수백, 수천 개의 강물이

서로 다른 물맛을 지니지만 일단 바다에 들어오면

단 한 가지의 맛을 가진 바닷물이 된다"는 비유로

피부색과 출신 배경 등이 서로 다른

다양한 사람들로 이루어진 승가공동체의

평등과 화합을 강조하셨습니다.

평등과 화합이 이뤄질 때 박탈감도 줄어들 것입니다.

우리는 바다의 수면을 보지만 항해
사는 수면 아래를 본다. 배에 오르면 선원을 따라야 한다.
세계는 때와 장소에 따라 일상의 양상이 달라진다. 우리
는 버스를 탈 때, 식당에 앉을 때, 깨끗한 공원을 산책할
때, 매번 그 공간으로부터 도움을 받는다. 박탈감이란 오
직 비교에서 생긴다. 산의 중턱까지 큰 길이 놓인 시대지
만 정상까지는 모두 두 발에 의지해야 한다. 때론 서로 기
대야 한다. 산 위의 바람은 평등하다. 시원한 마음은 누구
에게나 한결같다.

수레의 두 바퀴는 크기가 같아야
앞으로 간다

사회가 갈등을 벗어나기 위해서는

사람이 양극을 여의고 중도를 지킬 수 있어야 합니다.

『아함경』에 하나의 몸에 머리가 두 개인

양두사兩頭蛇의 이야기가 나옵니다.

먹이를 보면 번번이 오른쪽이 선수를 쳐서 먹어버리므로

왼쪽은 항상 불만스러워했습니다.

그러던 중 오른쪽 입이 먹어서는 안 된다는 걸 알고

먹지 않은 것을 왼쪽 입이 집어삼켜

그만 양두사는 죽게 됩니다.

한 몸 위에서 두 입이 대립하듯

한 사회, 한 나라, 한 세계에서 서로가 대립만 일삼으면

자칫 근본인 하나의 파멸을 초래할 수 있다는

경고를 주는 가르침입니다.

　　　　　　수레는 두 바퀴가 고르게 굴러야 앞
으로 간다. 한 바퀴가 크거나 작으면 제자리에서 맴돌게
되고, 바퀴 하나가 빠지면 멈출 수밖에 없다. 한국의 전진
은 보수와 진보가 나란히 한 방향으로 굴러야 가능하다.
대립이란 언제나 상대방의 존재를 전제한다. 패자를 인정
하지 않을 때 승자는 자신의 존재까지 잃게 된다. 정치뿐
아닐 것이다. 소수자, 장애인 모두 우리 사회의 한 축이다.
여성과 남성 역시 모든 부분에서 균형을 이뤄야 한다. 덜
컹거린들 무슨 상관이랴, 수레는 멈추지 않고 간다. 콧노
래 소리를 싣고.

사회적 실천이 수행이다

이번 2급 승가고시의 과목에는

교학과 수행만이 아니라

복지, 사회, 포교 등이 들어 있습니다.

우리 종단의 새로운 주역들에게는

전통적 과목만이 아니라

새로운 분야에 대한 지식과 능력이 요구됩니다.

불교 발전을 위해서는 수행의 힘을 바탕으로

적극적인 사회적 실천, 현장에서의 활동이 필요하다는

종단적 공감대가 형성되어 있기 때문입니다.

불교가 사회로부터 고립되지 않기 위해서는

반드시 필요한 변화입니다.

많은 이가 도통하는 시대다. 공장 선반 앞에서 깨달음을 얻고, 길바닥을 쓸다가도 깨달음을 얻는다. 우리는 자기 분야에서의 최고와 생활에서의 달인들을 경외한다. 부처님과 큰스님의 깨달음은 모두 그 시대의 보통, 아니 최고를 초월했다. 그리하여 숨소리조차 세상으로부터 존경받았다. 깨달음이 많은 시대, 그 이상 도달하기란 쉽지 않다. 그러나 가야 한다. 훗날 우리 시대 스님들의 족적도 깊게 남아 있기를. 연꽃이 널리 피어 있기를.

보존과 개발은 둘이 아니다

우리는 우리 세대의 잘못된 업을

후손들에게 물려주어서는 안 됩니다.

자연을 파괴하고 조화로운 인연의 관계를 훼손하는 것은

결국 미래 세대를 해치는 결과를 낳게 됩니다.

생태적 삶은 곧 우리가 살아가는 데 있어

다른 존재와 자연에 대한 무한한 경외심을

현실로 구현하는 것입니다.

함양에 간다. 거기 상림은 나무 20,000
그루가 사는 오래된 숲이다. 신라 진성여왕 시절 함양 태
수였던 최치원이 조성했다. 위천강이 빈번하게 범람하
자 나무를 심어 물길을 조절했다. 숲을 조성하기 위해 둑
을 쌓아 잠시 사용했다. 개발과 보존을 함께했다. 불일불
이不一不二의 마음이다. 잘 가꿔진 숲은 시간당 200밀리리터
의 빗물을 머금었다가 천천히 내보낸다. 홍수를 막기 위
한 서양의 생각은 물을 가두는 것이지만, 신라인의 생각
은 자연의 힘으로 물의 흐름을 조절하는 것이었다. 『화엄
경』은 이른다. "모든 사물과 존재는 자유롭게 서로 의지하
여 한없이 교류하고 소통하며 생겨난다." 생태적 삶이라
고 해서 무조건 뒤바꾸는 건 아니다. 줄일 것은 줄이고, 보
존할 것은 보존하면서 서로 더 의지하는 것이다. 1963년,
상림은 천연기념물이 되었다. 2063년, 대한민국 전체가
천연기념물이 되었으면 하는 바람이다.

물품을 나누며 마음을 나누었다

오늘 재현되는 승시僧市는 이곳 팔공산에

수천 명의 스님이 상주하면서 필요한 생필품이나

불교용품을 서로 교환하던 장터입니다.

고려시대부터 시작된 승시는

팔공산과 전라도의 나주 등 두 곳에서

크게 열렸다고 전해지고 있습니다.

원래는 스님들이 물물교환을 하는 곳이었지만

나중에는 주민과 장사꾼들까지 합세하면서

큰 장터가 되었다고 합니다.

오늘 이곳에 승시를 다시 세우는 것은

단지 옛것을 재현하는 복고가 아닙니다.

문화의 보고, 불교문화의 전통을 새로운 문화상품으로

만들어가는 온고지신이 되어야 합니다.

신경림 시인의 「목계장터」는 우리
를 구름이 되고 바람이 되게 한다. "가을볕도 서러운 방물
장수"로 떠돌다 보면 어디에 짐을 부리고 앉아 쉬어갈까,
마음이 쉴 곳은 있을까. 걱정도 많았을 것이다. 스님들의
장터는 모진 마음들이 자연스레 모이는 쉼터였을 것이다.
늘 보이던 누군가가 보이지 않는 날이면 스님의 짧은 독
경이 위로가 되었다. 구름이 또 저기 산을 넘어온다.

우리 시대의

수
행
길

꼬르륵 소리만큼 정직한 건 없다

기도와 염불, 참선과 경전 공부도 중요한 수행 방법이지만

걷거나 혹은 머물러 있는 것, 앉거나 눕거나 서 있는 것,

말하거나 침묵하는 것, 우리의 일상적인 모든 일이

수행과 다르지 않습니다.

먹는 일 또한 중요한 수행의 방편으로 삼아 오히려 더욱

엄격한 수행의 잣대를 적용하기도 합니다.

이는 먹는다는 것이 생명 유지에 필요한

기본적인 행동임과 동시에, 인간이 지닌 탐욕과 집착이

먹는 일과 깊은 연관이 있기 때문입니다.

사찰 음식은 한국 불교의 수행 정신과 역사,

문화 전통을 잘 간직하고 있으며,

한국의 전통적인 음식 문화와 조리법이

잘 전승된 친근한 생활 문화입니다.

밥이 종교고, 빵이 정치다. 꼬르륵 소리만큼 정직한 건 없다. 먹는 행위를 제외한 모든 사유는 주춧돌 없는 허상이다. 일상을 유지하지 못하는 정치는 웅변대회다. 먹거리가 내 앞에 오기까지 누군가는 무수한 노고를 아끼지 않았다. 그 수고를 모른다면 마음이 빈곤하다. 삶이 모여야 음식이 된다. 그 영역에 속해 있다는 것이 우리 모두의 기적이다. 소박함에 담긴 나눔, 남김 없음이 남긴 '더불어'의 마음에 다가갔을 때, 발우 안 아주 작은 깨 조각이 드디어 눈에 보였다.

비어야 담긴다

불교의 가치관으로는 먹는다는 것을

'공양'이라는 말로 표현합니다.

이 말은 맛과 모양에만 집착하지 않고

수행에 필요한 최소한의 양을 섭취하는 것,

음식이 내 앞에 오기까지 무수한 노고를 아끼지 않은

모든 이의 은혜에 감사하는 마음을 잃지 않는 것,

나아가 그 음식을 통해 얻은 에너지를

모든 이의 안락과 행복을 위해

쓰도록 해야 한다는 의미를 지니고 있습니다.

즉, 한국 불교에서 먹는 행위는

생명의 존중과 평화의 지향을 의미합니다.

유네스코 한국위원회에서도 '매일 세 번 세상을 바꾸는

빈그릇 운동'을 지원하고 있습니다.

빈그릇 운동은 잔반을 줄여

경제적 손실과 환경오염을 최소화하기에

궁극적으로는 인권에 대한 존중과

사회경제 정의에 대한 헌신 등

유네스코의 새천년 발전 목표와도 일맥상통합니다.

공양은 건네는 행위다. 올리고 싶다. 주고 싶다. 그러한, 그리고 싶은 마음이다. 자연은 자란다. 자연은 무르익는다. 자연이 내게로 온다. 먹는다. 내가 자란다. 내가 무르익는다. 내가 자연을 돌본다. 내가 자연이다. 흙으로 그릇을 빚는다. 그릇은 비어야 담긴다. 비운다. 마음에 마음이 담긴다. 어느 날, 나를 건넨다. 참으로 감사한 생이다.

나는 세상에 무엇을 주고 갈 것인가

우리 불자들에게 보시란

육바라밀의 제1수행법이자

무량공덕의 창고로 가는 열쇠입니다.

나의 재산과 시간을 대가 없이

남에게 주는 것은 쉬운 일이 아닙니다.

그러나 쉽다면 어찌 수행이 되겠습니까?

어렵지만 실천하다 보면 내 마음속 아집이 녹아내리고

복덕이 구족하여 성불의 인연이 맺어지게 됩니다.

또 이 자리에 모인 한 사람 한 사람이 시작이 되어

온 인류가 보시하는 마음으로 살아갈 때

비로소 인류의 유토피아가 실현될 것입니다.

목련이 폈다. 눈물이 꽃잎 몇 개에
빛바랜 자국을 남겨놓았다. 봄기운을 창문 너머로 한껏
남기고, 목련은 잠시 한눈을 파는 사이 찬란한 슬픔까지
모조리 주고 간다. 최선을 다했으니 괜찮은 생이다. 나는
세상에 무엇을 주고 갈 것인가.

생의 이유를 자상하게 설명해주는 산사

템플스테이는 1,700여 년 동안 이어진 한국 불교의

찬란한 문화를 21세기에 구현하는

새로운 문화운동입니다.

지난 2002년, 오직 한국 불교의 문화와

한국의 전통을 알리겠다는 의지로

굳게 닫혀 있던 산문을 열었을 때,

아무도 우리의 사찰 문화가 세계를

감동시킬 거라고 생각하지 못했습니다.

하지만 템플스테이는 채 10년이 되기 전에

세계 유수의 언론은 물론 OECD로부터

세계 우수 문화프로그램으로 선정되었습니다.

그 성공의 길에는 무엇보다

우리 사회 전반에 유유히 흐르는 불교문화의 향훈

그리고 그 전통을 지켜내고자 한 많은 스님,

사찰 실무자의 지지가 있었기 때문입니다.

아무쪼록 템플스테이를 통해 국내는 물론, 전 세계에

한국 불교의 유구한 수행 종풍을 전할 수 있기를 바랍니다.

특히 정신문화에 큰 관심을 지닌 외국인들에게

우리의 전통문화와 선 수행법을 알리고

물질 기반의 사회에서 정신 기반의 사회로 안착하는

지혜를 전수하기를 기원합니다.

산문으로 오르는 길은 숙연하다. 함
께 고개가 숙여진다. 나무들은 씩씩하고, 오솔길은 착하
다. 함께 긴장했던 마음이 풀어진다. 법당은 정결하다. 도
량석 목탁 소리에 잠든 몸을 털고, 새벽 예불을 위해 법당
에 발을 들여놓으면 가지고 온 부끄러움이 후회된다. 그
렇지만 괜찮다. 예불문 소리에 삼배를 올리면 씻겨진다.
아니, 씻어낸다. 절집에서 몸을 돌려 바라본다. 일출도, 한
낮의 봉우리들도, 황혼의 끝자락까지 모두 생의 이유를
자상하게 설명해준다. 요사체의 밤은 잠들려던 마음을 되
려 흔든다. 새소리 아득하다.

산사의 이야기는 쉬워야 한다

요즈음 산중의 절을 찾는 분들이 점차 많아진다고 합니다.

어떤 분은 불보살님께 예불을 드리고

불법을 배우기 위하여,

또 다른 분은 우리 전통문화의 정수인

사찰의 아름다움을 음미하러,

또는 흐트러진 마음을 가라앉히고

미래의 희망을 가꾸기 위하여…….

"깊은 산중의 절에는 무언가가 있어!" 하고 느끼는데,

막상 산사의 문화를 이해하기는 어렵습니다.

그 안에는 세속의 일상적인 삶과는

다른 가치가 채워져 있어서 궁금한 것도 많지만,

누구를 붙잡고 이 궁금증을 풀어달라고 하기도

쉽지 않습니다.

지안스님이『산사는 깊다』를 세상에 내놓은 데에는

대중들의 이런 답답함을 풀어주어야겠다는

소박한 바람이 있었을 것입니다.

『산사는 깊다』에는 지안스님이 특별히 골라낸

'34가지 절집 이야기'가 오롯이 담겨 있습니다.

새벽 도량석과 함께 시작하여

취침까지 이어지는 산사의 일상과

출가에서 다비까지 건너가는 스님의 일생을

물 흐르듯 자연스럽게 풀어내줍니다.

미황사 천왕문의 사천왕은 잘생겼다. 미황사의 악귀들은 달마산 거친 기운에 놀라 도망갔다. 동쪽을 지키는 지국천왕은 검은 소에 올라서 있다. 검은 소는 미황사 절터를 골라줬다. 소가 웃고 있다. 남쪽을 지키는 증장천왕은 토끼에 탔고, 광목천왕은 용에 올라탔다, 다문천왕 발아래 원숭이가 짓궂다. 산사는 깊고, 미황사의 사천왕은 젊어졌다. 미황사에서는 친근한 동물들이 사천왕을 받들어 공덕을 짓는다.

부처님 말씀과 짝지은 음악

현대사회와 불교가 서로 소통하고

화합할 수 있도록 하는 매개체가

바로 불교음악이라 생각합니다.

열악한 포교 환경에서

불교음악인의 원력이 담긴 찬불가는

포교 활동에서 중요한 역할을 담당하고 있습니다.

이는 전통음악과 현대음악의

창조적 계승과 찬불가의 발전을 위해

열악한 환경에도 노력을 아끼지 않는

불교음악인 덕분에 가능한 일입니다.

소리는 귀로 듣고 음악은 마음으로
듣는다. 음악은 귀로 들어와 피를 타고 돈다. 발가락이 가
렵다. 등이 뻐근하다. 심장 뒤쪽에 고인 음악은 추억들과
하나씩 짝을 짓는다. 거리에서 만난 노랫말에 잊힌 얼굴이
떠오르고, 가고 싶은 곳을 생각하면 선율이 먼저 살아난
다. 말씀과 짝지은 음악이 마음에 들어와 가부좌를 튼다.

합창은 부처님의 법이고 화쟁이다

합창은 부처님 법을 꼭 닮았습니다.

어느 하나가 크게 뛰어나거나

어느 하나가 조금 모자라도

합창은 그 하나하나를 포용할 수 있습니다.

이것이 원융무애이며 화쟁의 가르침입니다.

자신의 소리를 조금 죽이고

남의 목소리에 귀 기울이며

합창이라는 큰 그림을 완성하는 것,

이것이 바로 원효성사께서 그토록 부르짖던

화쟁의 정신인 것입니다.

지금 우리 사회는 제각기 자신만 옳다 하며

서로 목소리를 높이고 있습니다.

사회 곳곳이 불협화음으로 넘쳐나고 있습니다.

항상 밝은 미소와 맑은 음성으로

부처님의 가르침을 오롯이 담은 찬불합창으로

다툼이 있는 곳엔 화해를,

미움과 원망이 넘치는 곳엔 용서를,

아픔과 불행은 행복으로 승화시키는 행복 바이러스를

이 사회 곳곳에 전파하여

불협화음의 사회를 향기롭게 치유해주시기 바랍니다.

함께 듣는다. 서로 다른 느낌, 감정에
젖는다. 함께 부른다. 서로의 감정에 맞추려 노력한다. 함
께 부른다는 것은 언제나 감격이다. 고양된다. 소리 낮추
는 법을 배우고, 조그만 목소리들이 모여 만드는 조화와
완성에 전율한다. 시대가 부르는 합창, 기다리는 지휘자
가 아직 도착하지 않은 것이 그저 안타까울 뿐이다.

유구한 사찰과 함께 자란 우리

전통 산사는 불교의 고유한 가르침과

지역민의 생활과 밀접한 풍토가 융합된

통불교 사상의 공간이자 예불과 수행 정진이

동시에 이루어지는 살아 있는 공간이기도 합니다.

대웅전과 중정을 중심으로 한 예경의 공간이 있으며

또한 스님들이 수행하고 생활하는 일상의 공간이 있습니다.

이 공간들은 산의 봉우리와 계곡 등

다양한 주변 경관과 결합하여 특유의 배치를 이루며

한국의 전통산사가 가지는 고유의 모습을 보여줍니다.

속리산 법주사, 태화산 마곡사, 조계산 선암사,

두륜산 대흥사, 천등산 봉정사, 봉황산 부석사,

영축산 통도사 등 일곱 곳의 등재 대상 사찰은

이러한 한국 산지가람의 모습을 보여주는

대표적인 산사입니다.

이 사찰들은 삼국시대부터

내려온 유구한 역사를 지녔고

다양하게 형성된 축과 가람배치로

한국 전통 산사의 정형을 보여주고 있습니다.

이 일곱 곳의 전통 산사는

지난 2013년 세계유산 잠정 목록으로 등재된 이후

2018년 세계유산 등재를 목표로 하고 있습니다.*

* 2020년 세계유산 중 문화유산으로 등재되었다.

격을 갖춘 공간에 들어서면 그대로
그 공간의 한쪽, 일부가 되고 싶다. 어떤 이야기가 쌓이고
또 이어져서 나도 섬돌에 가만히 신발을 벗어 놓고 이야
기의 한 부분이 되고 싶다. 누군가 노스님의 이야기를 천
천히 전해줄 때, 옆에서 누군가 그 거사도 있었어, 라고 거
들어준다면 좋겠다. 배흘림기둥이면 얼마나 좋을까마는,
달마상으로 서서 등산객들을 본다면 얼마나 좋을까마는,
키 작은 동백나무라도 좋겠다. 겨울 한때, 붉은 동백꽃을
바라보던 소녀가 멋진 시인이 되면 정말 좋겠다.

죽은 사람의 마음도 위로해주어야 한다

두타산의 정기가 빚어낸 삼화사는

우리나라에서 처음으로 국행수륙대재를 봉행하여

나라의 안녕과 국민의 평안을 기원하는 의식을

현재까지 설행하는 중요한 사찰입니다.

수륙대재를 설행하여 오면서 수인작법과 범패작법 같은

중요한 무형의 문화유산을 남기게 되었고,

의식을 진행하는 과정에서 볼 수 있는 음악, 무용, 미술,

설단과 장엄 또한 중요한 전통문화유산이 되었습니다.

삼화사 국행수륙대재의 역사적·문화적 의미를

새롭게 되살려 지역을 대표하고

우리나라를 대표하는 불교 전통문화유산으로 가꾸어

후대에 길이 전해야 할 것입니다.

　　　　　　조선을 건국한 태조 이성계는 건국
과정에서 희생된 영혼을 위무하고, 고려의 유민과 친 고
려 성향의 세력을 포용하고 백성들과 소통·화합하기 위해
동해의 삼화사와 강화도의 관음굴, 거제의 견암사에서 왕
실 주관의 수륙재를 설행하였다. 이것이 조선조 국행수륙
대재國行水陸大齋의 시원이다. 수륙재는 음식을 수중과 육상에
뿌려 외로운 혼령이나 아귀에게 베풀어 고뇌를 제거하는
법회다. 외로운 영혼을 불러 공양해주는 경우가 불교 말고
있을까. 억울한 영혼의 하소연을 들어주고 좋은 곳으로 가
라고 격려해주는 경우가 불교 말고 있을까. 허공을 떠도
느라 얼마나 춥고 배가 고팠을 것인가. 업의 사슬을 끊어
주는 건 먼 훗날의 억울함을 막아주는 일이다. 새로운 업
을 쌓지만, 앞으로 어찌 될지 모르지만, 또 살아간다. 위로
받은 옛 영혼들이 지금 영혼들의 손을 잡아주었을 것이다.
오늘 하루, 별 탈 없이 또 날이 저문다.

절집 그림 속으로 뛰어들기

불교미술은 부처님의 사상을 아름다운 형상으로 구현해

대중들에게 다가가기도 하지만

마음을 닦을 수 있는 수행의 방편이기도 합니다.

작품 하나하나가 부단한 노력 없이는

이룰 수 없는 정진의 결실입니다.

참으로 향기로운 성취입니다.

오늘날 불교미술은 옛것이라고 생각되어

새로운 문화에 밀려 그 가치가 퇴색되기도 합니다.

그러나 미혹의 세계에서 벗어나

깨우침의 경지에 이르게 하는 이 성스러운 예술은

언제나 자기 역할이 있을 것입니다.

분명 흰소를 붙잡아 맸는데, 〈심우
도〉를 쫓아 법당을 한 바퀴 도는 동안 소를 잃고 나도 잃
었다. 마당에 나가니 좀 전까지 있던 석탑이 어디론가 사
라져 텅 비어 있다. 부처님은 법당 문간에 맨발로 서 계신
다. 〈심우도〉 안의 동자가 어느새 부처님께 다가와 신발을
신으시겠냐고 묻는다. 미소만 짓고 그냥 내려오신다. 동
자가 먼 길을 가야겠노라고, 내게 〈심우도〉 안으로 향하는
길을 알려주었다.

마음이 편해지는 그림

성각스님의 선서화禪書畫는 산사에서 수행 생활을 하며

늘 만나게 되는 산, 물, 나무, 해, 달, 새와 같은 도반들을

담백하게 담고 있습니다.

참된 마음의 진여眞如, 즉 '무심無心'을 표현하고 있어

감상하는 이의 마음자리를 평안하게 이끌기도 합니다.

산자山字의 형상이라든가 동자와 달마의 만남,

파격적인 달마의 모습 등에서 느낄 수 있듯이,

스님의 선서화는 선적 발상에서부터 선심의 표현과

그 세계가 가히 독보적이라 평가받고 있기도 합니다.

선화나 선예술을 창작하는 행위는

우리들에게 무한한 자유의 세계를 열어주고

그와 같은 자유세계는 무한한 문화 창조의 길을 열어주어

우리로 하여금 환희심을 자아내게 합니다.

영화 〈취화선〉에서 김 선비가 장승
업에게 말한다. "백성들이 고통스럽다. 저 모습을 그림에 담
아야 하지 않겠느냐?" 장승업이 답한다. "사는 게 고통스러
운데, 그림을 보면서까지 고통스러워서야 되겠습니까?"

마음을 치유해주는 예술

좋은 느낌을 통해 공감을 주고자 하는 진력은

곧 예술과 종교가 만나는 마당이자

종교와 예술이 함께 만들어가는

대자유의 지향이라고도 할 것입니다.

국가, 정치, 경제, 이념, 사회 등 모든 현상은

시간과 공간의 개념을 함께 고려하면

잠시 있다가 사라지는 방편일 수도 있습니다.

그러기에 평화와 상생을 추구하는 우리의 안목은

현재를 직시하면서도 항상 미래에 열려 있어야 하고,

현실의 고통에 있으면서도

더 나은 대안을 향하고 있어야 할 것입니다.

이러한 뜻에서 평화통일과 국민 화합

그리고 자연과의 조화를 염원하는 우리의 활동은

더 나은 삶이 무엇인지 고민하고

그곳으로 향하는 출발점이 되어줄 것이며,

비로소 '공감'이라는 풍성함으로 화답해올 것입니다.

　　　　　'예술'이라는 말과 개념이 없었던 우
리 옛사람들은 낙樂이라는 글자에 즐거움과 음악, 기쁨과
보람, 맛까지 담아 사용했다. 낙에 풀 초艸자를 얹으면 약藥
이 된다. 약은 몸을 고치는 데 사용하는 글자이니, 아마도
즐거울 낙은 마음을 고치는 글자라 여겼을 것이다. 예술
은 예술 그 자체의 영역이 있지만 인간 삶에서 벗어나진
않는다. 통상 고집스럽게 독립적이라고 우기지만, 그럼에
도 불구하고 우리는 감동하고 공감한다. 즐거움 속에서
마음이 편해지고, 다른 사람의 고통을 알게 된다면 그 또
한 예술이 빈틈을 보인 것이다.

미소를 찍기 위해 미소를 가장 많이 본다

앵글에 비치는 부처님의 미소를 새롭게 탄생시켜

불자들에게 전달하려는 정성은

일선 포교사의 역할과 다름이 없습니다.

이러한 성취는 수많은 노력에서 얻어지는

빼어난 안목의 결과일 것입니다.

올해의 주제인 풍경風聲은 단순한 경세의 의미를 넘어

수행자나 보는 이의 마음을 편안하게 해줄 뿐 아니라

방일이나 나태함을 깨워주는 중요한 역할을 합니다.

"찰나의 순간에도 영원의 가르침이

깃들어 있다"는 말씀처럼

사진 한 컷조차 부처님의 가르침을 전해주는

대작불사라는 자부심을 잊지 마시기 바랍니다.

이 산을 찍기 위해서는 저 산에 올라
야 한다. 미소를 찍기 위해서 미소를 보고, 그러다 보면 미
소를 가장 많이 본 사람이 된다. 그대로 산이 되고, 부처님
미소를 닮게 되기 마련이다. 꼭 원하는 장면은 기다림 끝
에 온다. 결정적 순간을 위해 인내할 줄 아는 사람이 된다.
경전 넘기는 소리가 어디 사각이기만 할까. 셔터 소리에
서 법문을 읽는다.

소중한 순간, 귀한 시절

흑백의 사진은 오랜 시간을 알리듯 빛이 바래고

사진마다 그때의 모습으로 멈춰 있지만,

향기롭게도 당시의 아픔을

수행자의 책무로 이겨내고자 했던 생동하는 빛과

정진의 원력은 고스란히 전해지고 있습니다.

수현스님,

60년 세월의 수행 모습과 반가운 얼굴,

뜻깊은 명소를 보여주어

회고의 감상에 젖을 수 있었습니다.

세월 세월마다 가졌던 소중한 정진의 마음가짐이

현시대의 삶으로 고스란히 전해지기를 바랍니다.

스님의 사진은 현시대와 불자들에게

삶의 감동을 주고, 친절하게 행복을 안내할 것입니다.

누구나 빛나는 시절이 있다. 가슴 저리게 아름다운 시절이 있다. 우리 시대의 흑백사진 속 주인공들은 모두 절정의 모습이다. 젊은 아버지, 할머니에게 안긴 어머니, 모두가 귀한 시절의 귀한 순간들이다. 어른들은 초심을 생각하고, 소식 잃은 친구를 생각한다. 청춘들은 자신을 닮은 낯선 얼굴에서 잠시나마 시간을 역류하는 경험을 한다. 빛바랜 사진 속 웃는 얼굴 뒤에서, 고단했지만 치열했던 한 시절을 본다.

옛이야기를 담아준 뮤지컬이 고맙다

원효스님은 '해골물' 일화를 통해

일체유심조를 우리에게 설파함으로써

역사적 인물에 머물지 않고

어느 시대이건 동시대의 인물처럼 살아계십니다.

뮤지컬은 종합예술의 총아입니다.

일상에 널리 퍼진 원효스님의 이야기를

뮤지컬로 만들어 사람들에게 선보이고자 하는 것은

원효스님의 삶이 뮤지컬처럼 종합적이었기 때문입니다.

국내 최고의 제작진이 모여 정상급 배우들과

호흡을 맞춰 선보이는 뮤지컬 <쌍화별곡>은

원효스님의 가르침과 함께

동시대를 살았던 의상스님의 이야기가 더해져

이전보다 더욱 풍성해졌습니다.

　　　　　젊은 문화 장르가 옛이야기에 관심
을 보인다. 아이가 할머니의 옛이야기에 장단을 맞춰주
는 듯하여 행복하다. 모닥불은 구술 시대의 종합 공연장
이다. 한쪽에서는 노래를 부르고, 한쪽에서는 구슬 꿰는
방법을 알려주고, 한쪽에서는 사랑을 속삭였다. 모닥불은
사람들을 둘레에 모아, 그렇게 마음을 달궜다. 인간성도
그렇게 싹텄다. 우리 시대의 젊은이들은 맘에 드는 뮤지
컬을 몇 번이고 반복해서 본다. 배우와 선율, 조명과 노래
가사에 매혹된 것이리라. 구술 시대도 그랬다. 오늘 저녁
에도 원효스님을 만나러 모닥불가로 간다.

한글 『천수경』, 조금 늦었다

오늘 『천수경』을 비롯한 표준 한글 의례문과

『독송집』을 부처님께 삼가 올립니다.

이제 부처님의 가피와 불자들의 한결같은 염원으로

한글 의례를 널리 시행할 수 있게 되어

사부대중은 참으로 감개가 무량합니다.

『천수경』과 예불문인 칠정례, 『반야심경』은

우리 불자들이 가장 많이 접하는 불교 의례의 정수입니다.

특히 『천수경』은 우리 불교만의 독특한 신행을 보여줍니다.

우리 민족에게 가장 가까이 다가오신

관세음보살님의 마음과 서원,

불자들의 참회와 기도, 수행 등이 모두 응축되어 있습니다.

이제 일상적이고 중요한 의례는

한글로 진행할 수 있게 되었습니다.

사찰에서, 각종 종단의 의례 현장에서

한글『천수경』이 보편적으로 활용되고 널리 독송되어

불자들의 신심이 날로 견고해지는 것은 물론

나눔과 보시라는 공감과 소통이

널리 전파되기를 기원합니다.

　『천수경』에 세종대왕의 공덕이 더해
졌다. '서르스뭇디(서로 통하기)' 하기 위함이다. 단테는 민
초들의 언어인 토스카나 방언으로『신곡』을 썼다. 불후의
작품이 되었음은 물론 이탈리아어의 뿌리가 되었다. 루터
는 10개월 동안 죽을힘을 다해 독일어로 성경을 번역했
다. 독일어 성경 루터 번역판은 독일 전역에 퍼져나가 종
교개혁의 불씨를 놓았고, 훗날 표준 독일어의 기본이 되
었다. 모국어에는 다른 언어로 표현할 수 없는 정서와 감
정이 담겨 있다. 국민들의 애달픈 감정이 텍스트를 더욱
풍부하게 만들어갈 것이다. 디스코판『천수경』은 어디에
서 틀어지고 있을까.

염불, 따라하고 싶어지기를

부처님의 가르침을 따르는 데

행하기 어려운 길難行道도 있고

행하기 쉬운 길易行道도 있다고 하여

의도하지 않게 그 진중함의 차이를 두려는 흐름도 있지만,

수행자의 본분을 놓고 볼 때

수행의 쉽고 어렵고는 아무런 의미가 없을 것입니다.

오히려 염불은 누구나 어렵지 않게 부처님을 생각하면서

내 마음이 부처님처럼 바뀌어가는 수행인데도

여태껏 우리는 이를 등한시한 면이 없지 않았습니다.

이러한 소홀함을 보완하고 의례를 활성화하고자

종단은 의례의 한글화를 추진하고 있으며,

승가대학 등 기본 교육과정에서는

2013년부터 불교 상용 의례를

필수 교과목으로 정하여 정진하고 있습니다.

『증일아함경』「억념품」에

"염불은 거닐 때도 머물 때도 닦아야 하며,

앉아 있을 때도 누워 있을 때도

닦아야 한다"고 하셨습니다.

염불은 출재가를 막론하고

언제 어디서나 함께해야 한다는 가르침입니다.

익숙함이 주는 낯섦이 있다. 엄마의 엄마 같은, 정치인들의 친절 같은. 교조적이면서도 익숙해지는 것이 있다. 교과서의 시 같은, 학교의 교가 같은. 친근하면서도 번번이 틀리는 것이 있다. 상대편 팀의 응원가 같은, 언니가 좋아하는 노래 같은. 어려운데 꼭 한번 따라 하고 싶은 것이 있다. 링컨의 게티스버그 연설 같은, 범접할 수 없을 것 같은 분들의 따뜻한 덕담 같은. 이 중에서 덕담 같기를, 염불 소리가 따뜻해지기를.

나 자신이 전통이다

현대 불교의 중심에는 봉은사가 있습니다.

봉은사는 세계적 도시인 서울의 중심에 자리한

포교 도량이자 시민과 함께하는 도심 사찰입니다.

선교 양종을 복원하고, 서산대사와 사명대사 같은

큰 스님들을 승과를 통해 배출하며

조선 중기 불교 중흥의 중심에 있었습니다.

또한 추사가 별세할 때까지 기거하며

불교에 마음을 크게 기울여

추사체의 완성을 이룬 도량입니다.

「판전板殿」은 『화엄경』 경판을 보관하기 위해

삶의 마지막 무렵에 쓴 것으로

추사의 대단원이라는 각별함이 담겨 있습니다.

봉은사의 문화재를 불교중앙박물관에서 처음으로 선보여

청명하고 풍성한 절기가 더욱 빛납니다.

전통 사찰의 가치를 국민들과 함께하면서

새로운 문화를 창출하는 힘이 되었으면 합니다.

서울의 전통은 숨어 있다. 역사가 오
래된 만큼 유적 아닌 곳이 없지만, 사람들이 그 위에 살림
을 들여놓았다. 쌍문동, 정인보 선생이 살던 집터에는 4층
짜리 건물이 들어서 있다. 낡은 건물에서 일상이 바지런
하다. 선생이 도포 자락을 휘날리며 일진이 괜찮으시냐,
걱정을 담아 물을 것 같다. 김옥균의 집은 정독도서관이
되었다. 개혁을 키운 독서가 있었을 터이니, 그럭저럭 긍
정한다. 봉은사를 지켜준 불심이 용맹하다. 「판전」은 경이
롭다. 전통은 낡고 오래된 것이 아니다. 생에 단 한 번이라
도 장엄한 낙일落日을 볼 기회가 있다면, 목숨 걸고 지키고
자 했던 전통이 결국 자신의 심장에 새겨져 있다는 것을
느낄 것이다. 잠시 젓가락을 내려놓고 범종 소리를 기다
려볼 일이다.

춤은 몸으로 쓰는 법문이다

현실의 삶에서 부처님의 뜻을 올곧게 실천하기란
여간 힘든 일이 아닙니다.
그러기에 부처님의 삶과 그 안에 담긴 가르침을
현대무용으로 풀어내어 인류의 스승이자
우리의 좋은 벗으로 안내하는 파사무용단의 노력은
불교계의 커다란 귀감이 되어주고 있습니다.
안무가 황미숙 선생은 부처님의 가르침을 바탕으로
시대에 맞추어 창의적이고 새로운 시각으로
공연을 제작하는 데 헌신해왔습니다.
이러한 결실로 <붓다, 일곱 걸음의 꽃>은
단순히 부처님의 일생만을 담은 것이 아니라
중생에게 전하고자 하는 이야기가 자연스럽게 스며 있기에
불자에게 큰 감명을 주고 있습니다.

뒷모습만 봐도 뉘 집 아이인지 안다.
몸은 감추지 못한다. 몸으로 표현하고자 하는 사람들은
늘 심연에 가깝다. 가늠하기 어렵다. 몸에서 깨어난 이야
기들은 다른 이들의 뒷모습에 새겨진다. 춤은 몸으로 쓰
는 글씨이고, 허공에 남기는 말이다. 억겁 세월을 가볍게
건드리는 저 고운 손끝.

종이꽃의 향기는 사람의 향기다

예부터 불교에서 지화紙花는

부처님께 올리는 공양물이면서

불국토를 염원하는 신앙의 상징으로 여겨져왔습니다.

현시대는 생화가 대부분인데

예수재 불단을 장엄한 지화는

조상의 얼이 서린 우리의 정신문화를

보여준 것이기도 합니다.

보이지 않는 또 하나의 마음의 연대를 만들어냈습니다.

한 장의 꽃잎을 만드는 그 마음속에

시방세계의 모든 혼을 담고자 노력해오신

소중한 정성에 거듭 격려의 말씀을 드립니다.

꽃은 절로 피어나지만, 종이꽃은 사람의 정성으로 피어난다. 부처님은 가섭에게 꽃을 들어 보이며 법을 전했다. 가섭의 미소는 부처님 마음의 향기에서 비롯되었다. 종이꽃의 향기는 사람의 향기다. 사람이 맡을 수 있는 가장 진실한 향기다.

꽃 공양은 모두 꽃에 앉으시라는 뜻

<감로탱화>는 전법의 역사와 민중의 삶
그리고 예술성이 조화롭게 담겨 있으며,
시대마다의 사회·문화적 흐름이
고스란히 살아 있는 고귀한 자료입니다.
또한 <감로탱화>의 지화 장엄은
당시 사회에서 지화 공예가 갖는 가치와 위상이
어떠했는지를 알려주는 소중한 사료이기도 합니다.
일찍이 영산재나 수륙재 등, 여러 재가 있을 때면
지화를 공양하여 장엄하였습니다.
고귀하고 숭고하면서도 간절한 염원이 생동하는
정명스님의 작품을 통해, 대중이 지화가 함의하는
무량한 의미와 아름다움을 알아가는
뜻깊은 시간을 보내기를 바랍니다.

한 사람 한 사람 귀한 세상이다. 이
웃을 위해 마스크를 쓴다. 인류 모두가 깊이 연결된 세상
이다. 꽃 공양은 귀한 사람 모두 꽃에 앉으시라는 뜻이다.
종이꽃은 승화한다. 죽은 이의 해탈을 기원하는 간절한
마음이다. 지화 장엄은 〈감로탱화〉의 꽃을 재현한 것이다.
지극한 일이다. 〈감로탱화〉의 결혼식 장면에 핀 꽃이 현실
에서도 핀다. 가위나 칼을 쓰지 않는다. 복이 새어나가지
않도록 단속하는 것이다. '복화'다. 그 마음 또한 귀하디귀
하다.

먹이 번지듯, 인연이 번진다

큰스님들의 선서화는

그대로가 서원과 원력이 담긴 지남이기에,

뭇 대중들이 친견하고 받들어 실천해야 한다는 마음으로

전시회를 열게 되었습니다.

이번 전시회는 아프리카 탄자니아에

대승보살의 지혜와 자비 정신이 좋은 조화를 이루는

학교를 건립하고 운영하기 위한

기금 마련을 목적으로 하고 있습니다.

선서화를 통해 무명중생無明衆生을 일깨워주시는

큰스님들께 감사의 인사를 드립니다.

인연은 시공간을 초월한다. 『삼국유
사』를 읽으며 일연선사를 스승으로 삼는다. 아프리카 소
년들의 사진 한 장으로 삶의 공간을 연장한다. 큰스님 붓
끝에서 떨어진 먹이 화선지에 번져나가듯, 인연 사이에는
선이 없다. 어느 집 벽에 공감의 마음이 걸린다. 큰스님들
의 몰골법이 안과 밖을, 가까운 곳과 먼 곳을 이어주신다.
가족들 마음의 경계가 어디로 갔다.

돌덩이 안에서 부처님을 꺼내드리다

남진세 명장은 45년 동안 돌조각이라는

오직 한길만을 묵묵히 걸어오셨습니다.

작품마다 바르고 한결같은

정진의 성품이 오롯이 배어 있고,

45년이라는 세월 속에 힘들고 어려웠던 시간과

가슴에만 담았던 사연들이

부처님의 형상으로 승화되어

많은 불자에게 감동을 전해주고 있습니다.

남진세 작가는 우리나라 전통의 기법을 고집하는

그야말로 지정至情한 석불의 명장이라고 할 수 있습니다.

차디찬 돌덩이에 부처님의 지혜와 자비를 표현하고자

무수히 내려치는 망치의 정다듬이에

그의 정신은 불모의 혼으로 드러납니다.

　　　　　　돌덩이 안에 부처님이 계시다. 조각
장들은 그것을 본다. 마음이 불편하다. 부처님을 꺼내드
리고 싶어 망치를 든다. 목탁을 두드리듯, 매일. 범종을 치
듯, 매일. 수행이고, 고행이다. 부처님 어깨가 보인다. 독
경이 빨라진다. 돌덩이 안에서 나온 부처님은 지구의 시
간, 깨달음의 시간, 인고의 시간이 쌓인 부처님이다. 그리
하여 먼 후대까지의 부처님이다. 조각장이 내 안의 부처
님을 힐끗 보고 있다.

부처님을 둘러싼 세상, 불전^{佛殿}

불전은 부처님을 모신 공간이자

불국토를 형상화한 공간입니다.

그러기에 불전 외형을 포함하여 내부의 불화,

장엄 하나하나가 깊은 의미를 가지고 있습니다.

그럼에도 불구하고 대부분의 사부대중은

부처님과 제 보살들만 바라볼 뿐 그들을 모실 공간과

여러 장엄구에는 관심이 부족했습니다.

불전은 사부대중의 염원을 담은 곳입니다.

이번 전시는 이런 염원을 어떻게 표현하고 있는지를

알리는 좋은 전시가 되어줄 것입니다.

그동안 불전장엄은 신앙의 대상이 아니라는 이유로

크게 주목받지 못했지만, 이번 전시는

불전장엄을 재조명하는 소중한 기회가 될 것입니다.

　　　　　지리산 천왕봉이 저 홀로 높을 수
없다. 노고단과 반야봉, 세석평전과 뱀사골이 어울려 장
관을 이루고, 산에서 흐르는 '12동천'이 지리산 사람들의
살림을 꾸린다. 법전에 놓인 사물 하나하나, 구조물 하나
하나는 모두 자기 의무가 있다. 단청은 조선시대에도 금
하지 못했다. 부석사 무량수전의 단청은 녹색을 많이 써
서 차분한 분위기를 낸다. 집 안의 집, 닫집을 보는 것만으
로도 불국토를 이루고자 하는 불전의 고투를 느낄 수 있
다. 성난 바람이 불전을 에돌아간다.

당신에게서 미륵부처를 볼 때,
미륵부처가 온다

법주사는 우리나라를 대표하는 미륵도량으로서

미륵보살이 하생하셨을 때

세 번의 법회로 중생을 구한다는

용화삼회龍華三會 도량입니다.

신라의 고승 진표율사께서 제자인 영심대사에게

이곳에 미륵대불을 세우게 하여 비로소 미륵부처님이

중생을 구하는 세 번의 법회를 열 도량을 완성한 것입니다.

미륵부처님은 석가모니 부처님이 다 제도하지 못한

모든 중생을 남김없이 제도하는 구원의 부처님이며,

그 구제의 손길이 펼쳐지는 세계가 바로 용화세계입니다.

그래서 예로부터 많은 불자가

미륵부처님이 머무시는 도솔천에 태어나기를 기원하거나

미륵부처님이 오실 용화세계에

태어나기를 서원하였습니다.

그렇지만 아무런 실천도 하지 않은 채

미륵불을 기다린다고 해서

미륵불이 이 땅에 오시지는 않습니다.

우리 스스로가 지금 우리가 사는 세상을

용화세계로 장엄하는 공덕행을 계속 닦아야

미륵부처님이 오는 세상이 열립니다.

둘이 만나면 의견이 셋이다. 내 의
견, 네 의견, 우리 의견. 셋이 만나면, 수학을 동원해야 한
다. 그런데 뭔가를 부술 때는 의견 일치가 잘 된다. 물론
부순 자리에 무엇을 새로 세울지에 대해서는 의견 분분이
다. 용화세계로 가는 길에 먼지가 풀풀 날려 앞이 보이지
않는다. 미륵부처님이야 급하실 게 없다. 우리만 조급하
다. 모두 앉아서 차분히 기다려야 할 때이지 싶다. 네 의견
이 옳다.

문학은 또 다른 수행자

인류 역사에서 문학은 인간의 영혼을 향기롭게 하는

표현 예술의 으뜸이자 정신의 꽃으로 불립니다.

오늘날 우리는 어느 때보다도

불안정한 사회를 살아가고 있습니다.

문학은 이러한 문명사회를 사는 많은 현대인에게

친근하고 가깝게 다가가는 긴요한 수단입니다.

현대인의 삶에 꽃향기를 드리우고

정신의 삶을 선도해나가는 문학이야말로

종교가 갖는 역할과 책무를 함께 나누는 수행자입니다.

무엇보다 너와 나를 구분 짓지 않고, 이웃과 사회를 걱정하며

모든 생명을 깊이 존중하는 창작은

시간과 공간을 넘나들며 쉼 없이 훌륭한 가치를

인류에게 전달하게 될 것입니다.

연필을 가지런히 깎는다. 종이 위에서 사각거리는 소리가 추억처럼 들린다. 만년필에 잉크를 채우는 시간은 기억을 끄집어 올리는 시간이다. 깊숙이 집어넣고 잊었던 것들이 만년필 끝으로 밀려 나온다. 인간은 이야기 덩어리들이다. 이야기들이 이야기를 만났을 때, 공감이 터진다. 추억이 추억을 불러내고, 고독을 다독이면서 시와 소설이 탄생한다. 진정 소설 같은 삶을 사는 사부대중의 공덕이다.

짧은 한 문장이 주는 깨달음

부처님께서는 "칠보七寶를 가득 채워 보시하는 복보다

사구게四句偈만이라도 지니고,

다른 사람을 위해 전해준다면

훨씬 더 뛰어난 복이다"라 하셨습니다.

오늘 마음에만 묻어왔던 삶의 고통을

신심으로 이겨내고 자신의 신행 경험을

다른 사람에게 감동으로 전하는 이 자리는

어떠한 보석보다 뛰어난 보시입니다.

'부처님은 부처님이셨습니다.' 이 구절은

아이들을 가르치는 교사 불자의 신행수기 내용으로

올해 대상을 수상한 작품에 들어 있습니다.

이 짧은 한 문장에는 교사로서의 무한한 책임과 걱정

그리고 부처님의 가르침에 대한

깊은 고마움이 묻어나 있습니다.

문제만 피우던 날 선 눈빛의 아이들이

부처님 앞에서 희망과 행복을 찾아가는 긍정의 모습에

교사로서 지혜가 열리고 감동으로 다가온 듯합니다.

부처님의 위없는 가피와 자비로

꿈과 희망을 잃고 방황하는 우리의 아이들을 치유하고

교육 일선에서 자비를 실천하는 정진의 모습은

단단하고 곧은 신심을 고스란히 전하고 있습니다.

글쓰기는 자기 위로이고, 충전이며 내일의 새로운 출발이다. 지친 저녁 힘들게 앉아 글을 쓰다 보면 안 좋았던 일, 백 가지 사이에서 좋았던 일, 한 가지가 떠오른다. 정말 신기한 일이다. 그 좋았던 일, 한 가지가 나머지 안 좋았던 일을 이긴다. 아이들을 부처님 앞으로 데리고 가는 선생님은 이미 부처다. 부처님이 어젯밤 글쓰기에서 좋은 일 한 가지로 오셨다.

책 한 권의 아름다운 인연

글은 쉽지만 가볍지 않고,

넓지만 한쪽에 치우치지 않도록

누구에게나 평등해야 그 가치가 더욱 향기롭습니다.

더욱이 부처님의 가르침을 책으로 만들고자 하는 일은

개인의 작은 결심만으로는 성취하기 힘든 일일 것입니다.

그만큼 어려운 길임에도

부처님 법을 널리 알리겠다는 서원을 세우고,

지금 이 순간에도 묵묵히 노력하시는 여러분은

불교 사상과 가치를 널리 전파하는

무겁지만 행복한 책무를

동시에 지니고 있다고 할 것입니다.

한국 불교의 앞날을 내다보며 불교의 지혜를 널리 알리는

출판인의 사명은 결코 가볍지 않습니다.

불교계의 출판인들 그리고 그 결실들이

사회의 흐름을 주도하여

다양한 방식으로 현재의 삶을 조화롭게 엮어낸다면,

불교 출판은 물론 불교문화 활성화를 위한

우리의 노력이 더욱 빛을 발할 수 있을 것입니다.

만약 당신의 가방에 책 한 권이 들
어 있다면, 그 책은 인생을 이해하는 여정에 동행하는 것
이다. 책은 지나온 어제와 달라서 언제든 처음으로 돌아
가 다시 읽을 수 있다. 불만도 없다. 당신이 어느 날 어젯
밤 읽었던 책의 한 구절이 생각나지 않아서 종일 생각했
다면, 그건 당신과 책 사이에 인연이 생긴 것이다. 집에 돌
아가 그 구절이 쓰인 페이지를 찾아냈을 때, 책은 당신 손
에서 안도의 한숨을 쉴 것이다. 책은 영원하지 않지만, 적
어도 당신이 살아가는 동안 언제나 손을 뻗으면 닿는 곳
에서 당신을 그리워할 것이다. 책에 남은 당신의 지문, 혹
은 눈물 자국과 함께 마지막 조사를 낭독해줄 것이다.

우리 시대의 업을 신계사가 끊어주기를

전쟁의 참화 속에서

주춧돌과 탑신의 자취만이 남아 있던 이 자리에,

소실 전 모습대로 웅장하고 아름답게

신계사를 복원한 지 벌써 8년이 흘렀습니다.

신계사는 남과 북의 불교도들이 힘을 합쳐

복원해낸 뜻깊은 불사였습니다.

신계사는 민족 화해의 상징으로서 금강산에 우뚝 섰고,

조국의 통일을 기원하는 도량으로 자리매김하고

발전해나갈 것이라는 기대 또한 지대하였습니다.

그러나 이듬해인 2008년 금강산 관광 중단과 함께

신계사에도 사람들의 발길이 닿지 않게 되어

모두의 안타까운 마음은 두루 말할 수 없습니다.

이제 남북합동법회를 계기로 금강산 길이 다시 열리고,

신계사 순례길이 공존과 상생으로 나아가는

상승의 길이 되어주기를 바랍니다.

나아가 내금강 지역의 유구한 불교 문화유적을

잘 보존하고 가꾸는 일에도 마음을 하나로 모으고,

불교의 성지이자 통일의 상징인 금강산을

소중히 지켜나가는 데 언제나 함께하기를 바라겠습니다.

부드러운 숨결 한 가닥이 한반도 위로 스쳐 지나갔다. 사람들도 너그러워졌다. 신계사로 가는 발걸음이 가볍다. 우리 시대의 업이 우리 시대에 끊어질 것 같았다. 추억의 공간이 많아지면 상상력이 커진다. 내금강에서 득도하셨다는 고승들이 궁금하다. 묘길상처럼 소박해지셨음이 틀림없다. 사나운 숨결 한 가닥이 한반도 위로 스쳐 지나간다. 사람들도 좀 거칠어졌다. 풀어야 할 업이 오히려 쌓인다. 고승들이 어디로 가시는지 말씀도 없이 떠나셨다. 좋은 시절도 싫증내는 사람들이 있다. 저기 부드러운 숨결이 다시 올지, 목을 길게 빼고 두리번거린다.

불사리를 통해 흔적은 커진다

일제강점기를 거치면서 청정한 도량에 있어야 할
불사리가 문화재로만 인식되어 박물관에 보관되는
안타까운 일이 이어져 왔습니다.
우리 종단은 사리의 종교성과 신앙성을 회복시키고자
100년간 박물관에 모셔진 분황사와 무량사의 사리를
본래의 자리인 청정 도량으로 모셔왔습니다.
오늘 예경을 다하여 모시는 사리는 분황사 모전석탑과
매월당 김시습 설잠스님의 사리 등,
시대마다의 삶과 가치가 현시대까지 생생하게 이어지는
소중한 성보라 할 것입니다.
사부대중은 부처님의 가르침과 민생의 간절한 발원이 깃든
사리를 불법의 도량에 다시 모시게 되어
청정한 인연 공덕을 이루게 되었습니다.

소멸이 남긴 흔적. 사리는 몸이 남긴 유서다. 길가 부도탑이 "내 말 좀 들어봐" 하는 소리를 못 들어본 사람은 없을 것이다. "산에 갔다 와서요" 해놓고는 그냥 가버린 경험도 빈번할 것이다. 부도탑 앞에서 한번 잡혔다가는 온갖 법문을 들어야 한다. 막차를 놓쳤다는 사람 얘기도 들어봤다. 스님들끼리는 잘 얘기하지 않으시는 모양이다. 매월당 설잠스님의 사리가 제자리로 돌아왔다. 설잠스님은 소설가이시다. 한동안은 부도탑 터가 시끌벅적할 것 같다. 다음에 산에 갈 때는 그래도 오래 서 있을 작정이다. 몸은 가셨으나 흔적은 더 커졌다.

옛것 복원 역시 수행이다

신라시대에 창건한 대견사가

일제강점기에 강제 폐사되어

100여 년 가까이 터만 남아 있던 아픔을 딛고,

새롭게 중창하게 된 것은 종단적으로도 뜻깊은 일입니다.

특히 팔공총림 동화사와 달성군이 힘을 합하여

이루어냈다는 점에서 더욱 의미가 크다고 하겠습니다.

대견사는 일연스님이 20여 년간

주석하셨던 곳으로도 유명합니다.

『삼국유사』의 사상적 기반과 집필에 필요한 기록들을

바로 이곳에서 정비하고 구상했을 것입니다.

대견사의 중창은 단순히 폐사된 옛 사찰을

복원한 것에 머무르지 않고,

민족정기를 바로 세운다는 큰 의미를 담고 있습니다.

대견사를 받치고 있는 축석이

신라시대에 조성된 것이라는 점도

눈여겨보아야 할 것입니다.

1,000년 전의 기반 위에 오늘 새로운 사찰을 세운다는 것은

우리의 정신과 정기를

그대로 이어간다는 것을 의미합니다.

       대견사는 자결했다. 비록 낡았지만
1,000년 동안 이 땅에서 입은 보은을 외면할 수 없었다.
큰스님들이 기둥마다 새겨 넣은 정기를 일본인들 손에 더
럽힐 수 없었다. 거룩한 몰락이다. 축석들이 마지막으로
남아 고결한 유해를 수습했다. 세월이 걸렸으나 잊지 않
아준 것이 대견하다. 옛것을 복원하는 일 역시 수행이다.
해가 뜨고 지고, 잘 견뎌준 축석들이 일연선사의 발소리
를 기억하고 있을지, 단지 그것만 걱정이다.

우리 시대의

고행길

길거리의 부처님들

새해를 편안한 마음으로 맞이하지 못하는 까닭은

감사하고 섬겨야 할 우리 시대의 부처님들이

용산에서, 4대강에서, 길거리에서 고통받기 때문입니다.

억압과 불의가 만연하고 욕망이 타자에 대한

폭력이 되는 이 시대, 고통이 깊어 원한이 되는 현실을

이대로 두고볼 수 없습니다.

청정한 수행으로 피워낸 깨달음의 꽃은

어두움이 깊을수록 더욱 환히 빛나는 불빛처럼,

고통스런 사바세계를

청량한 정토낙원으로 바꾸는 희망의 불꽃입니다.

삶의 매 순간 생생하게 드러나는 실천입니다.

모든 중생이 갈등을 이겨내고

아름답게 미소 짓는 한 해를 기원합니다.

　　동안거에 든 수행자들이 깊은 침묵
속에서 정진하고 있다. 오직 내면에서 들리는 소리뿐이다.
그 소리는 자연과 생명의 맥박이다. 마음의 눈은 밤하늘
의 성성한 별자리를 본다. 고통받는 중생에게 가는 방향이
다. 욕망은 무소유로 잠재우고, 공생하며 화해하는 삶. 바
로 부처님의 삶이다. 눈 덮인 선원에 찬바람이 분다. 두려
울 것이 없다.

싸움을 반복하지 않기 위하여

대자대비하신 부처님께 삼가 고합니다.

지금 사바세계는 우리의 탐욕이 만들어낸 갈등으로

공동체의 일각이 위기에 처해 있습니다.

용산에도 어려움에 처한 우리의 이웃이 있습니다.

용산은 이 시대가 안고 있는 대립과 갈등의 상징입니다.

하루속히 이 대립과 갈등이

원만히 해결될 수 있기를 바랍니다.

우리 모두 서로서로 존중하고 대화와 소통으로

모든 공동체가 화합으로 나아가길 간절히 바랍니다.

우리의 이러한 노력이 용산과 서울을 넘어

이 삼라만상에 존재하는

모든 만물이 감동할 때까지 정진하겠습니다.

인간이란 어이없는 싸움터다. 싸우지 않아도 될 곳에서도 싸움을 일으킨다. 일방적인 욕망 탓이다. 인간에 대한 예의가 부족한 탓이다. 여기, 갈등을 안고 죽음에 이른 이름들이 있다. 이상림, 양회성, 한대성, 이성수, 윤용헌, 김남훈. 역사는 이렇게 어마어마한 무명의 인물들을 감추고 있었던 것이다. 기억해야 한다. 망각이 우리를 다시 어이없는 싸움터로 내몬다.

평범한 한 사람의 무너짐은
국가의 무너짐이다

쌍용자동차 문제를 사회 갈등의 대표적인 사례로 인식하고

구속자 석방과 희생 노동자 추모

그리고 해고 노동자 복직 등에

많은 관심과 노력을 다하고 있습니다.

종단 내에 노동문제 전담 위원회인

노동위원회 설치를 진행하고 있는 등,

앞으로도 노동 현안에 대한

종단의 관심과 역할은 계속될 것입니다.

모든 종교인과 국민 여러분도

쌍용자동차의 문제가 결코 남의 일이 아니라

이 사회를 통합하고 발전시킬 수 있는

우리 스스로의 문제로 인식하여

깊은 관심을 가져주시기 바랍니다.

사측과 노조의 싸움이 아니다. 죽임
과 생존의 싸움이다. 진압 과정에서 죽음에 이를 수 있는
최루액이 사용되었다. 쌍용자동차 노동자와 그 가족 들을
포함해 33명이 목숨을 잃었다. 해고 노동자들은 사측, 경
찰, 보험사로부터 손배가압류에 시달리고 동종 기업 재취
업마저 막혔다. 아버지들은 물러날 곳이 없다. 가진 자들
은 모른다. 숨이 턱턱 막히는 불안과 공황이 닥쳐온다. 단
련된 근육이 수치스럽다. 할 수 있는 것이 없다. 갈 곳이
없다. 평범한 한 사람이 무너지는 것은 국가가 무너지는
것이다. 잊어간다. 불심이 가야 할 곳이 어디인지, 다시 묻
는다.

미워하는 마음은 바깥에서 들어온다

강정마을에는 100개가 넘는 친목 모임이 있었다고 합니다.

문중끼리, 동문끼리, 남자는 남자대로, 여자는 여자대로,

때로는 같은 나이끼리, 같은 작목반끼리,

모임도 많아 함께 기쁘고 즐거운 일, 슬프고 속상한 일

서로서로 사이좋게 이야기 나누며 살아왔다고 들었습니다.

그러나 오늘날 강정마을의 모습은 어떻습니까.

한 사람은 노란 깃발이 펄럭이는 상점으로 가고,

또 한 사람은 하얀 깃발이 나부끼는 가게로 가고 있습니다.

서로 입장이 다르면 애경사도 함께하지 않고

친목회, 동창회, 계모임, 종친회도 열기 어렵다고 합니다.

어떤 일이 있어도 주민들끼리는 화합해야 합니다.

서로 입장이 다르다고 반목하고 갈등한다면

우리는 가장 소중한 것을 잃고 마는 것입니다.

샤까족과 꼴리야족 사이에 심각한
물싸움이 벌어졌다. 극심한 가뭄이 계속되자 서로 먼저
로히니강의 물을 쓰겠다고 벌어진 갈등이 마침내는 전쟁
으로까지 치달았다. 그때 부처님이 말씀하셨다. "물을 위
해 소중한 사람의 목숨을 버리겠습니까? 서로 미워하면
결국 파괴와 상처만 남습니다." 삶의 터전을 지키는 방법
은 그곳에 사는 사람들이 사이좋게 지내는 것이다. 미워
하는 마음은 바깥에서 들어온다. 공동체 내부에 신뢰가
있다면 돌담은 무너지지 않는다.

마음을 모으는 것이 가장 빠른 길이다

노동문제는 향후 청년세대의 고통을 덜어주고

미래세대와 함께 희망을 만들어간다는 원력으로

사회적 대화의 장을 열어나가겠습니다.

노동위원회, 화쟁위원회가

적극적으로 사회참여를 지속해나가겠습니다.

청년세대와 미래세대가

부처님 도량에서 맘껏 활동할 수 있도록

미래세대 정책 개발 사업을

적극적으로 지원하고 함께해나가겠습니다.

'종단 백년대계를 위한 사부대중 대중공사'는

사부대중이 주인이 되어 종단 문제를 함께 해결한다는

아름다운 옛 전통을 복원한 것입니다.

'종단 화합과 개혁을 위한 사부대중위원회'의 활동을

성공적으로 회향하여 종단의 대화합을 이루고

미래로의 도약을 위한 디딤돌을 놓겠습니다.

　　　　　밀어붙이라, 하지만 마음을 모아가
는 과정도 전진이다. 늦는 것 같지만 마음을 모아야 도약
한다. 눈앞에 빨리 결과가 보이면 좋겠지만 마음을 모아
야 오래 간다. 다시 시작하는 일이 잦다. 마음을 모은 것
같았는데도 번번이 또 그런다. 마음을 모아가는 과정조차
형식화시켜서 그렇다. 마음을 모아가는 과정부터가 일의
시작이고 결과라 여겨야 한다. 그런 모습을 보여주는 것
만으로도 청년들에게는 희망이다. 사부대중 역시 진정 주
인이 될 것이다.

사람이 이주해오는 것은
그곳이 건강하다는 증거다

이주노동자로, 결혼이민자로

제각각의 사연을 품고 한국에 입국하여,

차가운 시선 속에 문화도 언어도 다른

타국에서의 삶이 순탄하지만은 않았을 것입니다.

그러나 한국 산업의 부족한 일손이 되어주었고,

저출산 고령화, 성비 불균형 사회에 가정을 일구며

한국 사회의 든든한 구성원이 되어왔음을

우리는 알고 있습니다.

누구나 한 번쯤은 자신이 살았던

삶의 터전을 벗어나 이주하게 됩니다.

국내 이주일 수도 있고 국제 이주일 수도 있으며,

자발적인 선택일 수도,

어쩔 수 없는 선택일 수도 있습니다.

국적·인종·문화 등 편의상 구분된 물리적 경계는

인연가합因緣假合일 뿐이니,

우리의 마음은 서로를 구분하지 않고

제법무아諸法無我로 나아가야 할 것입니다.

모든 생명체가 서로 의지하며 살아가는 지구는

그 누구의 소유가 아니라 우리가 공존하는 공간입니다.

모두가 함께 누리고 즐길 권리가 있습니다.

사람이 섞이는 일은 자연스러운 일
이다. 도시든 나라든, 사람이 이주해오는 것은 그곳이 건
강하다는 증거다. 사람은 사람을 통해 활력을 얻고 발전
은 또 다른 발전을 낳는다. 사람은 섞이면서 갈등은 얼마
든지 생길 수 있다. 조화로움에 도달하고자 하는 마음이
중요하다. 낯섦이 익숙함이 되었을 무렵, 다양함이 우리
에게 놀라운 변화를 줄 것이다.

삶에 미련을 갖고, 미련해야 한다

불교에서 가장 큰 윤리적 가치인 오계五戒 가운데

제일 먼저 꼽는 것이 불살생不殺生입니다.

단지 산 것을 죽이지 말라는 소극적 의미가 아닙니다.

어떤 생명이 죽을 수밖에 없는 상황을

결코 만들지 말라는 뜻입니다.

부디 내 목숨이라고 스스로 죽이는 일은 없어야 합니다.

부모들이 자신의 절망을 이유로

자식들까지 죽이는 일은 결단코 사라져야 합니다.

하나의 생명은 그 자체로 존귀한 존재입니다.

우리 모두가 서로 지키고 돌봐야 합니다.

생명 위기의 시대,

종교계부터 더욱 노력해갈 것을 다짐해봅니다.

사람이든 물건이든 정을 많이 붙일
수록 미련이 많아진다. 미련이 너무너무 많아서 도저히
어디로 갈 수 없을 지경으로 정을 붙이며 살아야 하지 않
을까. 아무튼 이럴 때 쓰는 '미련'은 '깨끗이 잊지 못하고
끌리는 데가 남아 있는 마음'이란 뜻이다. 가끔은 미련스
럽게 살아야 한다. 미련이 담벼락을 뚫는다. 누가 뭐라든
예민하게 생각하지 말고 뚜벅뚜벅 제 갈 길을 가야 한다.
아무튼 이럴 때 쓰는 '미련'은 '터무니없는 고집을 부릴 정
도로 매우 어리석고 둔함'이라는 뜻이다.

사찰이 젊은이들의 근처에 있어야

1차 대중공사에서 매우 그럴듯한

종단의 백년대계를 내놓지도 못했습니다.

우리가 함께 회향한 것은 한국 불교를

새롭게 열어나가자는 대중의 의지였습니다.

100명이 넘는 위원들이 모두 차별 없는 무차의 자리에서

법석을 열었고 자신의 의견과 도반의 의견을

나누고 모으는 과정에 함께했습니다.

언덕 저편에서 관망하는 것이 아니라 팔을 걷어붙이고

울력에 참여하는 위원 한 분 한 분의 열의가

고스란히 다른 위원들에게 전해졌습니다.

저 역시 이를 느꼈습니다.

2차 대중공사의 주제가

'미래세대를 위해 불교는 무엇을 할 것인가'

로 알고 있습니다. 가장 많은 표가 나왔던

'승재가 인력양성과 포교프로그램 개발'을

다듬은 주제입니다.

이 주제를 듣고 어린이들과 청년들이

사찰 마당에서, 불교의 품 안에서 자유롭게 뛰어놀고

소통하는 광경을 머릿속에 그려봤습니다.

그렇게 사찰은 젊은이들의 근처에 있어야 하며

불교를 친근히 느낄 수 있도록 변화하려면

경전부터 스님들, 사찰, 종단 재정에 이르기까지

모든 것이 변화해야 합니다.

위대한 화쟁 사상도

서라벌 저자의 난장에서 비롯한 것입니다.

원효대사는 스스로 소성거사로 살며

큰 박으로 무애無㝵라는 도구를 만들어

"아미타불"을 독송했습니다.

바로 대승불교의 정신이며 대중공사의 정신입니다.

여러분과 제가 함께 한국 불교의 정신을

바로 세워가는 무애가 되길 서원합니다.

불교는 우리의 내면이다. 생각에 말
에 불교 아닌 것이 없다. 삶은 죽음을 통해서, 죽음은 삶을
통해서 이해한다. 웃음은 눈물 속에, 눈물은 웃음 속에 있
을 때 진정하다고 믿는다. 파도와 바다는 둘이 아니다. 사
찰은 우리의 고향이고, 법당은 마지막 안식처다. 새벽에
울리는 범종 소리는 영원히 "에밀레, 에밀레" 하고 울릴
것이다. 아름다운 비극을 딛고 우리의 마음은 자비로워졌
다. 1,700년 불교가 퇴색할 리 없다. 시대와 함께하고 더
불어 기꺼이 저물 각오를 다지면, 불교에 있던 우리의 뿌
리를 만날 것이다. 대웅전의 맞배지붕은 겸손하다. 우리
의 옛 마음이었다.

사찰들이 힘을 통합해
신도와 함께해야 한다

2016년 한 해 출가자는 156명으로

연간 출가자 총 인원 200명 선이

처음으로 무너졌습니다.

출가자 평균연령 40대,

나아가 전체 승려 중 50대 이상 비율이

거의 70퍼센트에 이르고 있습니다.

출가 인원 감소와 고령화 문제가

생각보다 훨씬 심각합니다.

신도들의 현황 역시 마찬가지입니다.

고령 여성 불자의 비율이 압도적입니다.

매년 30,000명에 가까운 신도들이

신규 등록을 하고 있지만

이들을 위한 체계적인 관리가

여전히 부족한 것이 현실입니다.

이웃 종교인 천주교와 원불교가

성당과 교당의 통폐합 움직임을 고려하고 있듯이

사찰도 관리의 효율성 등을 고려하여

통폐합을 진지하게 검토해야 할 때가 왔습니다.

사찰이 비어간다. "마을이나 숲이나 골짜기나 평지나 깨달음을 얻은 이가 사는 곳이라면 거기가 어디인들 즐겁지 않겠는가." 『법구경』의 말씀을 따라 방방곡곡을 떠돌아보지만 즐거움을 찾기가 쉽지 않다. 고뇌하는 자는 어디 있는가. 일찍부터 인생을 고민하던 청춘들은 모두 어디로 갔는가. 고뇌는 고뇌하는 자들 사이에서 풀어지기 마련이다. 승려들의 고뇌는 대중의 고뇌를 녹여내는 용광로다. 사찰로 가는 길에 먼지를 일으켜야한다. 달마산 위로 해가 막 솟기 시작했다.

일상 속에서 함께 울고 웃는
불교가 되어야 한다

1960년대 한국 사회는 매우 빠른 속도로 산업화하였고,

인구의 80퍼센트가 도시로 모여들었습니다.

이웃 종교가 도시로 몰려든 근로자와 빈민 등

약자를 대변하면서 급성장하였고,

그때 형성된 인적자원으로

1980년대 민주화 과정을 주도한 것과는 달리,

이 시절 불교는 사회 흐름을 제대로 읽지도

그에 대응하지도 못하여 국민을 올곧게 보듬는 데

한계를 보이고 말았습니다.

오늘날 불교의 사회 역량이 크게 취약한 것은

이렇게 근대화·민주화 과정에서

제 역할을 못 한 과보라 해도 지나치지 않을 것입니다.

불교는 세상 속에서 대승불교의 전통을 살려내기 위한

다양한 노력을 경주하였습니다.

사회통합을 위한 화쟁 순례, 생명평화법당 개원 등

시민사회와 더불어 세상의 고통을

껴안으려는 시도도 있었습니다.

비록 역량의 한계도 분명하였지만,

우리 모두가 대승보살로 태어나고자 했던

소중한 시도였으며

불교가 미래 사회의 대안이 될 길을 모색하는

소중한 기회였다고 생각합니다.

위로받을 곳이 많고, 응원해줄 사람
이 많다. 위로받아야 할 사람이 위로하고, 응원받아야 할
사람이 응원하는 경우도 아주 많다. 세상의 부처님들이
승려들보다 먼저 눈물과 서러움에 다가갔다. 삼배를 올려
야 알 일이다. 그러나 법당으로 밀려오는 눈물과 서러움
은 근원적이다. 미처 도달하지 못한 깨달음에 스님들이
다가가 있기를 기대한다. 아직 이겨낼 수 없는 죽음에 대
하여 혜안을 가져주기를 기대한다. 염불과 목탁 소리를
넘어 마음 깊이 도달해야 한다. 눈물과 서러움의 뒷줄에
아주 오래도록 서 있어야 한다. 국민들이 다가가지 못한
지점에 먼저 가 있어야 한다.

융합의 지혜가 필요하다

안타깝게도 일부 종교인·지식인·언론인 들이

불순분자, 종북, 빨갱이 등의 표현을 하며

국민의 불안과 공포를 조장하는 대열에 서 있기도 합니다.

잘 알고 있듯이 좌우 대립과 동족상잔의 비극을 겪어온

우리 모두의 가슴 속엔

그런 말들이 불안과 공포에 떨게 하는

무서운 개념으로 깊이 각인되어 있습니다.

뜻있고 책임 있는 사람이라면 그 누구도

국민을 불안과 공포에 떨게 하는 표현을 해서는 안 됩니다.

그런 표현이 어디에도 발붙이지 못하게 앞장서야

책임 있는 지도자라 할 수 있습니다.

외래 사상이 우리에게 와서 우리를 갈라놓았다. 옛사람들이 마마와 호환을 손님이라 불렀듯, 소설가 황석영은 외래 사상도 '손님'이라 불렀다. 밥그릇 개수까지 알았던 이웃들이 어느 순간 원수가 된 이 비극이 오늘날까지 계속되고 있다. 마음에 들지 않는다고 종북으로 손가락질하고, 정적을 제거하려고 빨갱이라 부른다면 이 나라에 종북, 빨갱이 아닌 사람이 없다. 우리는 불행한 시대를 지나왔고, 지금 각자의 자리에서 각자의 방식으로 나라를 사랑하고 있다. 극단적 사상과 이념이라는 것도 대부분 세월이 지나면 희미해져간다. 국민들도 성숙하다. 사찰의 산신각, 삼성각은 오랜 융합의 산물이다. 비극의 막을 닫아야 할 시간이다.

전쟁 희생자 천도로 상생의 마음이 커지길

최근 북한의 핵개발과 일련의 미사일 실험으로

긴장과 불안이 고조되고, 이로 인한 남북의 상황 또한

더할 수 없는 경색 국면이기에,

항구적 평화와 통일의 염원이 담긴

공동경비구역의 무량수전은

현시대에 시사하는 의미가 매우 크다고 할 것입니다.

무량수전에는 6·25전쟁에 참전한

16개국의 희생자를 봉안하여 고귀한 희생을 기리며,

천도의 정성을 다하여 그분들의 헌신에 보답하고

이를 통하여 현재의 안정과 미래의 평화를 발원하는

소중한 마음이 함께하고 있습니다.

오늘의 공덕으로 서로 존중하고 상생하는

평화로운 삶이 환하게 열리기를 기원합니다.

비무장지대는 오도가도 못 하고 있다. 과거라는 진흙탕에서 아직 한쪽 다리를 빼내지 못하고 있다. 6·25전쟁은 엄청난 비극을 초래했지만, 평범한 사람들이 국가의 존재를 자각할 수 있었던 일대 사건이었다. 유엔 참전 역시 국제사회의 존재를 인식할 수 있었던 커다란 계기였다. 이제 우리는 아무도 넘볼 수 없는 나라가 되었다. 원한을 포용으로 수용할 수 있을 만큼 강해졌다. 비무장지대가 과거라는 진흙탕에서 마저 발을 빼고, 남북으로 자꾸 넓어지고 있다.

마음의 통일을 바란다

분단은 남과 북의 체제 경쟁으로 이어지고 있고

그 비용 또한 막대합니다.

날이 갈수록 분단의 고통은 커지고

이질화는 깊어지고 있습니다.

국가와 민족의 장벽도 허물어지고 있는 지구촌 시대에

이 같은 소모적인 분단체제를 계속하는 것은

시대착오입니다.

분단은 민족의 발전과 번영을

가로막는 근본적인 장애물입니다.

한국 불교는 대표 종교로서의 위상에 걸맞게

공존·상생·합심의 통일 논리에 따라

민족동질성 회복 사업, 인도적 지원 사업,

북한 불교 문화재 복원 사업을 적극 실천해나갈 것입니다.

　　　　　　이것과 저것이 서로 의지하고 있다
는 연기법은 2,500년 동안 인류에게 서로 존중하고 상생
하는 평화로운 삶의 방식을 가르쳐주었다. 남북은 서로
연결된 존재이며 서로를 비추는 거울이다. 진정한 통일은
'땅의 통일'과 함께 '마음의 통일'을 이뤄내는 것이다. '나
만 옳다'는 자기중심적 마음을 내려놓아야 한다. '합심'은
마음의 본바탕인 '일심'을 살펴 진실한 의지를 합쳐 나가
는 것이다. 남북이 서로 다른 마음을 하나의 마음으로 묶
어내어야 새로운 인연으로 이어진다.

평화는 인내와 희생에서 온다

백두산이 민족의 정기를 의미하고

한라산이 민족의 성품을 뜻한다면

금강산은 우리 민족의 굳건한 꿈을 상징한다 하겠습니다.

지금 온 세상은 분쟁이 끊이지 않고 있습니다.

인종과 사상, 심지어 종교적 이유도 있습니다만

저는 지난 세기, 온 지구적 격동기에 만들어진

상처들이 치유되지 못하고

오늘까지 이어진 것이 가장 중요한 이유라 생각합니다.

우리 종교인들은 평화를 소중히 가꾸는 사람입니다.

평화를 소중히 하는 사람은

끝까지 인내하며 희생하는 사람입니다.

뜻하지 않게 다시 만난 한파에도

결코 좌절하지 말 것을 요청합니다.

겨울 금강산의 지혜를 우리도 배웁시다.

봄여름가을 한껏 아름다움을 뽐내다가도

자성의 계절에는 모든 것을 내려놓고

현재보다 더 푸르고 밝은 내일을 꿈꾸는 금강산입니다.

우리가 앞장서서 가는 길 위로

반드시 통일의 꽃은 피어날 것입니다.

짧은 봄이었지만 우리는 금강산에 추억을 쌓았다. 김홍도의 그림으로만 보던 구룡폭포에 다가서고, 나무꾼과 선녀의 이야기가 사실일 것만 같은 상팔담 옥색 물에 마음을 빼앗겼다. 최선을 다해 금강산을 이야기하고, 배고픈 체제를 옹호하는, 순박한 사람들도 만났다. 추억은 그리움을 만들고, 그리움은 마음을 움직인다. 그들이나 우리나 그리움 때문에 지금의 이야기를 또 추억으로 이야기할 것이다. 추억은 힘이 세다.

물품이 오가야 소식이 오가고,
소식이 오가야 미움이 줄어든다

임진각에서 '북녘 어린이를 위한 자비나눔 걷기 대회'를

갖게 되어 매우 뜻깊게 생각합니다.

어린이는 남과 북이 따로 없이 우리 모두의 희망이자

통일 시대를 열어갈 한반도의 미래입니다.

예부터 우리 어머니들은 아무리 어려운 시절이라도

내 아이, 남의 아이를 구분하지 않았습니다.

우리 종단은 오늘 이 걷기 대회를 시작으로

오랜 영양결핍과 질환에 힘들어하는

북한의 어린이들을 위해 의약품과 영양식을

지원하는 캠페인을 진행하고자 합니다.

우리의 지원을 통해 남과 북의 어린이들이

똑같이 건강한 모습으로

가까운 시일에 마주할 수 있기를 바랍니다.

우리 시대의

고
행
길

　　　　소식이 궁금하다. 잘 자랐는지, 살아
는 계시는지. 소식만이라도 알면, 계절 바뀔 때마다 반찬
거리를 쌀 텐데. 연줄이라도 닿으면 해 바뀔 때마다 지방
이라도 쓸 텐데. 깜깜무소식이 원망스럽다. 소식이 오가
야 애틋한 마음이라도 생겨 미움을 덮을 텐데.

　　　　　　　"아이 아프면 꼭 연락 바랍니다. 약
찾아서 보낼게요. 종종 꽃 소식이라도 전해주시고요."

히로시마의 비극은 우리 모두의 것

70여 년 전 인류는 히로시마에서

현대물리학이라는 문명의 이기가 인류로 하여금

고통과 괴로움의 아비규환에

몸부림치게 하는 상황을 목도하였습니다.

무려 230,000명의 사망자와

700,000명의 피폭자가 발생하였습니다.

잘 알려지지 않은 사실이지만

히로시마와 나가사키 피폭자 열 명 중 한 명은

징용된 '조선인'으로, 무려 70,000명이었습니다.

조국을 강제로 떠나 이국의 땅에서 피폭되었던

안타까운 현실 때문에 이들과 후손들은

아직까지 일본, 한국 정부로부터 소외된 채

힘든 삶을 대물림하고 있습니다.

히로시마의 비극은 우리 모두의 것이기도 합니다.

이러한 불행한 역사가 반복되지 않도록

우리 불제자들은 부처님께서

뭇 생명의 안락과 평화를 위해

전법의 길을 가신 그대로 실천해나가야 합니다.

군인, 군속, 징용공, 동원 학생. 호칭만 다를 뿐 우리의 이름이다. 버려진 채, 70년 세월을 떠돈 이름이다. 산 자들은 희생의 가치를 돌아보지 못하고, 비하나 덩그러니 세우고 말았다. 더 나아진 것도 없고, 더 나아가지도 못했다. 지금은 보잘것없는 위로뿐이지만, 엄정한 역사를 세워 산 자의 역할을 다해야 할 것이다.

역사에서 배제된 서러움 돌아보기

우베의 바닷바람은 아직도 몸을 움츠리게 합니다.

이곳에서 희생된 분들은 75년 전

바다 건너 조선에서 강제로 징용된 노동자들이었으며,

열악한 환경에 내몰렸던 일본인 노동자들도

함께 저 바다 밑 갱도에 허리조차 펴지 못한 채

잠들어 있습니다. 제국주의 일본과

죠세이탄광의 비양심으로 억울하게 희생된 분들에게

깊은 애도와 함께 추모의 마음을 드립니다.

이제 비양심적 처사를 양심으로 바꿔야 합니다.

당국과 탄광회사의 책임 있는

역사 바로 세우기가 시작되어야 합니다.

앞으로 이러한 불행이 다시는 발생하지 않도록

우리 모두가 다짐하고 힘을 모아야 하겠습니다.

　　　　　　식민지는 화산처럼 백성들을 내뱉
었다. 운석처럼 추방되어 동남아의 '위안부'가 되고, 우베
의 '석탄 덩어리'가 되었다. 자기 근거지를 빼앗긴 이들은
함부로 다뤄지기 마련이다. 누구의 잘못이라 할 것인가.
자기 역사에서 배제된 서러움은 누가 알아줄 것인가. 조
선 노동자들은 해저에 누워 여전히 모든 책임의 바깥에
버려져 있다. 빛이라도 보실 수 있게 모시는 것이 식민지
시대를 이겨낸 국가의 도리다.

생명을 대하는 우리의 태도가
바뀌어야 한다

우리 인간은 인드라망의 그물처럼

자연의 모든 존재와 촘촘히 연결되어 있고

그들에 의존하여 생명을 유지하고 있습니다.

물, 바람, 나무, 풀, 흙과 같은 자연이 파괴된다면

인간의 생존은 불가능합니다.

오늘날 인류가 직면한 기후변화 위기는

경제성장이라는 미명하에 이뤄진 무분별한 개발과

그 이면에 있는 인간의 어리석음과 탐욕의 결과입니다.

기후변화 대응은 단순히 자연환경을 보존하는 일만은

아닙니다. 화석연료의 사용을 줄이고

재생가능한 에너지로 전환하는 노력을 넘어서서

자연과 생명을 대하는 우리의 인식과

삶의 태도를 바꾸는 것으로 확장되어야 합니다.

인도양 모리셔스섬의 '도도나무'는 300년 전에 번식을 멈췄다. 이제 300살 나무 13그루가 남았고, 이들도 곧 죽을 운명이다. 300년 전, 모리셔스에는 큰 머리에 깃털은 청회색이고 억센 다리를 가진 도도새가 살았다. 포유류가 없어 날 필요도 없었던 도도새는 1681년 마지막 한 마리가 죽었다. 인간이 발을 들여놓은 지 100년 만이었다. '도도나무'는 오직 도도새의 소화기관을 통해서만 씨앗을 옮기고 성장시킬 수 있었다. 도도새가 살아야 우리도 산다.

작은 습관이 여명을 비춘다

현시대는 화석연료 사용 등으로 인한

이상기후에 대응하기 위해 전 세계가 협력하고 있으며,

우리나라 정책에도 큰 영향을 주고 있습니다.

또한 일본의 원전 사고와

갈수록 악화되는 전력 수급은

에너지 절약의 절실함과 신재생에너지에 대한

큰 관심으로 이어지고 있습니다.

우리 종단은 이러한 시대의 흐름과 요구에 따라

수년 전부터 친환경적 생태 유지를 위한

실천을 전개해왔으며, 사찰에너지 사용 개선과

신재생에너지 활용에 대한 연구를 통해

적용 가능한 사례를 만들어가고 있습니다.

이는 단순한 에너지 비용 절감의 문제를 넘어

생명 공동체를 이해하는 종교적 소명이자

현시대를 살아가는 인류 구성원의 책무이기 때문입니다.

　　　　　　탄소중립을 위한 인류의 공동 노력
은 우리 자신에 대한 신뢰다. 모든 것은 일상에서 비롯된
다. 버리지 않고, 아끼고, 불편함을 견디는 것. 커다란 정
책인 것 같지만 소소한 결심, 작은 습관이 이루는 것이다.
사람이 변하고, 일상이 변하고, 기업들이 하나둘 변하고
있다. 소수의 이익을 위해 정부가 반대의 길을 가면 안 된
다. 옹호, 응원이 따라다녀야 한다. 햇빛과 바람, 파도가
서정에서 서사로, 서사에서 생활로 왔다. 반혁명은 언제
나 우리의 반대쪽 얼굴이다. 단지 그쪽 얼굴엔 어둠이 드
리웠고, 이쪽 얼굴엔 숙명적 여명이 비추고 있다.

갈등을 풀어낼 수 있는 희망이 있는 곳,
이곳이 극락이다

한 스승이 제자들에게

"내가 죽으면 너희를 다 극락으로 인도하겠다"

라는 가르침을 남겼습니다.

스승이 죽자 제자 두 분이 스승을 따라갔습니다.

화려한 대문을 열고 들어서니 모든 것이 풍족했습니다.

한 열흘쯤 지나갑니다.

안내인에게 "우리가 고통받고 있던

우리 사바세계를 한번 봤으면 좋겠다" 합니다.

갈등과 대립을 보면서

역시 극락세계에 잘 왔다고 만족해합니다.

한 3개월쯤 지나니까 심심해지기 시작합니다.

위안이 되려나 하고 "다시 지옥세계를 보여달라" 합니다.

끝임없는 다툼으로 이루어져 있습니다.

1년쯤 지났습니다.

이분들이 "여기가 어디입니까?"라고 묻습니다.

안내인이 대답합니다.

"지옥입니다."

우리 불교에서는 우리가 살고 있는 곳을 사바세계,

지구를 남섬부주라 합니다.

남섬부주는 고해라 하는데 고해가 뭡니까.

고통이 있는 곳입니다.

그러나 고통이 있기 때문에 희노애락이 있습니다.

우리는 극락세계를 바라지만은

우리가 진정 꿈꾸는 극락세계는 갈등이 있지만,

풀어낼 수 있다는 희망과 열정이 있는 곳입니다.

사자가 있는 곳에 얼룩말과 하이에나가 함께 삽니다.

공존의 질서가 있기 때문입니다.

우리는 이 조화의 지혜를 '화이부동'이라고 합니다.

저는 정치를 잘 모르지마는

이 '화이부동'을 통해서 갈등을 해소해나갈 때

지루하지 않은 극락세계가 되지 않나 싶습니다.

모두 정치를 할 수는 없다. 추구하
는 방향은 너무나 다양하고, 가고 싶은 길도 많다. 그 다양
한 방향, 많은 길을 보장하는 게 정치다. 정치를 하고자 하
고, 국민의 선택을 받았다면 정직해져야 한다. 모든 사람
은 그 일을 왜 하는가를 알았을 때, 소외감에서 벗어난다.
국민들은 알면 이해하고, 이해하면 기다려준다. 사고가
일어나서 화나는 것이 아니다. 감추기에 급급하기 때문에
더 화가 나는 것이다. 직접민주주의시대라고 하지만, 국
민들이 일일이 사사건건 정치에 참여할 수는 없다. 그저
퇴근길 선술집에서 잘 좀 하라 목소리를 높이고, 출근길
엔 잊는다. 그러나 국민이 정치에 나서면, 정치가 물러나
야 할 때다. 항상 그런 상황은 정치가 만든다.

우리 시대의

해
탈
길

부처님 말씀을 글로 새긴 봉선사

봉선사는 예로부터 교종갑찰^{敎宗甲刹}이라 하여

경·율·론 삼장을 비롯하여

부처님의 가르침을 배우고 연구하는

면면한 가풍을 이어온 사찰로 교종의 근본 도량이자

모든 학승의 정신적 고향이었습니다.

이러한 가풍은 근대에도 이어져

『대장경』 한글화라는 큰 물줄기를 열었습니다.

최초의 『불교사전』을 편찬하였고

큰법당이라는 한글 편액을 최초로 봉안한 곳이며,

능엄학림을 설립하여 교종본산으로서의 위상을

현재에도 확고히 이어오고 있습니다.

이러한 선조의 업적을 계승하여

월운 조실스님께서는 『한글대장경』의 완간을 이루고

종단과 한국 불교계에 의미 있는 회향을 하셨고,

밀운 회주스님께서는 봉선사가 오늘날과 같은

대가람의 모습을 갖추도록 모든 힘을 기울이셨습니다.

모든 후학은 이와 같은 위상을

더욱 드높여야 하는 당연한 책무가 있다고 할 것입니다.

육체는 빛과 어둠에 의해 두꺼워지
고, 정신은 글에 의해 두꺼워진다. 글은 종이에서 일어나
골목에서, 식당에서, 학교에서 말로 나눠진다. 나눠진 말
이 다시 종이에 눕는다. 해가 지고, 뜨고. 어떤 글은 아름
다워지고, 어떤 글은 근육이 탄탄해진다. 씩씩해진 글이
자주 말로 오가자 사람들의 마음이 풍족해졌다. 물건을
사고팔다가도 부처님 말씀이 들렸다. 겨울이 오고, 평지
로 내려온 강이 눈앞에 훤히 보이는 것처럼, 글 속 마음이
속속들이 보였다 한다.

고려대장경의 현신, 김영환 장군

고려대장경을 모신 법보종찰 해인사는

한국 불교의 정신과 문화를 대표하는 사찰입니다.

김영환 장군은 6·25전쟁의 한가운데서

바로 이 해인사를 불태우라는 폭격 명령을 거부하여

군법회의에 회부되는 등 고초를 겪었습니다.

하지만 김영환 장군의 숭고한 결단과

희생정신으로 말미암아

해인사와 민족의 위대한 문화유산인 고려대장경은

무사할 수 있었습니다.

신성한 것에는 눈이 있다. 해인사의 시선은 세간의 천년 고통을 향하고, 눈동자는 마를 날이 없었다. 김영환 장군은 그 시선을 감내할 수 없었을 것이다. 한순간, 숭고한 영혼의 결단으로 민족의 정신, 불교 역사가 지켜질 수 있었다. 한 인간의 위대함이란 삶 이전, 죽음 이후를 상상하는 것에 있다. 무시무시한 일이다. 고려대장경의 현신이었을 것이다. 34세의 죽음. 그 시대, 그 젊은 장군은 찰나의 상황을 위해 예비되었을지 모른다. 누구나 신성한 것과 시선을 마주칠 수 있는 건 아니다.

명원 김미희 보살님의 차향

옛날 제가 제방의 선방을 다니며 공부하던 시절과

큰스님들을 만나 법담을 듣던 시절

자주 듣던 이름이 바로 명원 김미희 보살입니다.

큰스님들께서는 김미희 보살 같은 분이 여러 분 계시면

한국 불교가 많이 발전할 텐데, 라고 자주 말씀하셨습니다.

명원보살은 한국 차 문화의 복원뿐만 아니라

불교와 사회의 바른 발전을 위해

동분서주하신다고도 하셨습니다.

차도 예절도 찾기 어려웠던 어려운 시절,

우리 국민의 심신을 정화시키고 문화를 향상시키기 위해

한국 전통차 문화를 복원하고 보급했습니다.

그리고 명원보살의 차향으로 인해

오늘날 한국의 차 문화는 찬란하게 부흥하고 있습니다.

향이 난다. 차향이 난다. 해남에서는 일지암에서, 강진에서는 다산초당에서. 향은 생색내지 않고, 집착 없이 베푼다. '무주상보시'다. 향은 얼른 붙잡아야 한다. 맘에 드는 사람 같다. 향이 사라졌다고 아주 간 것은 아니다. 후각 안에서 그윽하게 너그러워진다. 님을 보내도 당분간 견딜 수 있을 것 같다. 차를 우리고, 내리고, 담는 동안 향은 서두르지 않는다. 예의를 다할 때 향은 긴장을 푼다. 향을 기다리는 시간, 어른이 된 기분이다.

나눔으로 산보다 커진 사람들

한국 불교 신행문화의 본보기로 자리 잡은

'선묵혜자 스님과 마음으로 찾아가는

108산사 순례기도회'가

창립 6주년을 맞이하게 되었습니다.

특히 성지순례와 기도만 하는 것이 아니라

전국 방방곡곡의 농촌, 산촌, 어촌의

지역민들을 돕는 일에 적극 나서고

사찰 주변 환경보호에 앞장서는 것은

현시대의 요구를 충족하는 신행의 큰 모범이라 하겠습니다.

그뿐만 아니라 선묵 장학금 지급, 다문화가정 인연 맺기,

효행 장려와 군장병 격려 등, 108선행을 하고 있다고 하니

선묵혜자 스님의 원력과 회원들 한 분 한 분의 신심이

아름다운 연꽃으로 피어난 결과라 여겨집니다.

산에서의 사람의 크기는 산 아래에
서와 다르다. 산에서는 산 아래에서의 직업이 아무 도움
이 안 된다. 물병 한 개 더 챙긴 사람, 새벽에 일어나 신선
한 겉절이를 준비한 사람, 산행길을 미리 점검하고 말없
이 앞서준 사람, 산에서는 항상 배려와 나눔이 돋보인다.
산에서처럼 산 아래에서도 가만히 등을 밀어주는 사람들
이 있다. 연꽃 핀 곳으로 가서 소식을 전하곤 했다.

『금강경』 독송, 정진의 마음

부처님께서는 『금강경』에

한량없는 공덕이 있다고 하시면서,

삼천대천세계에 금은보화를 가득 채워서

사람들에게 보시하는 것보다

『금강경』을 지니어 독송하고 남을 위해 설해주는 공덕이

훨씬 더 크다고 하셨습니다.

이러한 가르침을 소중한 정진의 마음으로 받드는

금강선원의 혜거스님께서

만일수행 결사운동의 일환으로써

불국토 건설의 초석을 마련하고자

성스러운 『금강경』 강송대회를 매년 개최하였습니다.

수희 찬탄하는 금강선원의 강송대회야말로

수백 수천 불사 중에서 가장 훌륭하고

유익한 불사라 해도 과언이 아닐 것입니다.

부처님의 말씀을 강송하는 것으로

내 마음에도 향기로움이 가득하다는 것을

느껴보시길 바랍니다.

　　　　결심해도 잘 못 지키게 되는 것들이
있다. 가령 먹는 것. 생겼을 때 두둑하게 채워놓고 보자는
게 인간의 오래된 습성이다. 참으로 어쩔 수 없다. 몸에 배
었다가도 한순간에 말짱 도루묵이 되는 것들이 있다. 가
령 졸음과 잠. 생물이 가진 본성을 뛰어넘어야 이겨낼 수
있다. 절로 끌리는 것도 있다. 가령 남녀상열지사. 이성이
참견할 수 없는 감성의 영역이다. 떨쳐내려 해도 번뇌와
집착은 지독하게 매달려 있다. 자존감이 높아지면 거기서
도망갈 수 있을 정도로 빨라진다. 자존감이 높아지는 방
법은 어렵지 않다. 가령 일을 제대로 해내는 것, 작은 성취
를 반복해서 이루는 것, 조금 까다로운 책을 읽어내는 것,
베푸는 것, 자연으로 들어가는 것. 다 안 되면 단단한 금강
석이나 일도양단의 벼락에게 맡겨야 한다. 아, 번뇌나 집
착과 친구가 되는 것도 대단한 방법이다. 사랑은 대부분
감성에 맡겨놓는 게 좋다.

팔재계 하루 수행으로 삶이 바뀐다

전국의 포교사님들이 한자리에 모여 금식하면서

철야정진 팔재계* 수행을 한다는 소식은

많은 불자에게 큰 울림으로 전해지고 있습니다.

이러한 팔재계를 통한 지계실천운동이

벌써 12년이 되었으니,

이제는 포교사만의 행사가 아닌

범 재가불자 운동으로 확산되기를

바라는 마음이 가득합니다.

---

* 팔재계는 재가在家의 신도가 육재일六齋日, 곧 음력 매월 8·14·15·23·29·30일에 하루낮 하룻
밤 동안 지키는 계율이다. (1) 살아 있는 것을 죽이지 않음. (2) 주지 않는 것을 가지지 않음.
(3) 청정하지 않은 행위를 하지 않음. (4) 헛된 말을 하지 않음. (5) 모든 술을 마시지 않음.
(6) 높고 넓고 화려한 평상에 앉지 않음. (7) 향유를 바르거나 머리를 꾸미지 않고, 춤추고 노
래하는 것을 보지도 듣지도 않음. (8) 때가 아니면 음식물을 먹지 않음. 곧, 정오가 지나면 먹
지 않음.

계戒는 부처님의 행동이다. 부처님
마음에 다가가고禪, 부처님 말씀을 공부하는 것敎은 모두
계행으로 실행해야 가치 있다.『아함경』에 "재가불자는
오계를 일생 동안 지키는 것보다 팔재계를 단 하루 지키
는 것이 수승하다"고 했다. 지켜야 할 규칙을 행하면서 자
신을 발견할 때가 있다. 평범한 삶에서는 지켜내기 어려
운 계율이지만 단 하루 지켜내보면 삶의 전환점이 올지
모른다. 변함없는 것들이 있어야 일탈에게도 의미를 부여
해줄 수 있다. 꽃망울들이 봄의 한때를 알고 그날까지 수
행 중이다.

로터스월드의 인류애

로터스월드가 캄보디아 현지에 설립한

BWC어린이센터를 방문한 저는

세계 어느 국제단체나 NGO와 비교해도 손색이 없는

로터스월드의 활동을 보고 깊은 감명을 받았습니다.

시설이나 규모보다 캄보디아 국민들을 위한

로터스월드의 헌신적인 노력과 철저한 아동 교육,

인근 지역 개발 사업 등을 보고

한국 불교의 가능성을 다시 한번 확인했습니다.

그 자리에서 저와 중앙종회 종책 모임 화엄회 스님들은

'지역민의 의료와 복지 향상'을 위해

다목적센터 건립을 약속했고,

곧 센터가 건립되어 지역민들에게

많은 편의를 제공할 것입니다.

세계 속의 우리를 자각하는 일은 엄청난 인식의 확장이다. 인간은 같은 부류 안에서 안정감을 느낀다. 다름을 체감하고, 다른 삶과 생각에 관심을 두고, 다름을 이해하며 존중하는 일은 마음을 열겠다는 결심 없이는 안 된다. 이 과정에서 자기 삶이 무한으로 넓어지는 것은 용기에 대한 보답이다. 덕분에 우리는 지금 '인류애'를 구체적으로 받아들이게 되었다. 더 많이 다름에 다가가야 한다. 지금 세계가 겪고 있는 대부분의 문제가 다름을 존중하면 해결될 일들이다.

작은 나눔으로 무엇이든 품는
큰 보자기를 만든다

하나의 티끌 속에 온 우주가 담겨 있다는

『화엄경』의 말씀처럼,

한 톨의 배추 씨앗에는 온 우주 생명에게

기쁨과 자비를 나누려는 소망이 가득 담겼습니다.

묵정밭을 갈아 생태 농장으로 만든 원력이

자비의 김장으로 회향되어

화엄법계의 중중무진한 연기를 드러내고 있습니다.

한마음으로 동참하여 봉사하는 사람들이

이 자리의 주인공입니다.

불자는 물론 종교를 뛰어넘어 시청과 경찰서 등

지역의 일꾼들이 팔을 걷어붙여

희망의 연대, 자비의 법석을 열고 있습니다.

아름다운 향기는 바람을 거슬러 널리 퍼진다고

부처님은 말씀하셨습니다.

요란한 진산식을 따로 올리지 않는 대신,

김장과 지역 쌀을 나누는 자비 한마당을 펼친

마곡사 사부대중의 큰 뜻에는

자비와 봉사의 짙은 향기가 피어납니다.

서류 가방에는 책이나 노트같이 일
정하게 생긴 물건만 담을 수 있다. 그렇지만 보자기는 이
것저것 무엇이든지 쌀 수 있다. 이어령 선생은 그래서 우
리 민족이 '싸는' '보자기형' 문화를 갖고 있다고 했다. 책
가방도 싸고, 포대기도 싼다. 우리는 무엇이든 쌀 준비가
돼 있다. 아픔도, 상처도, 다른 사람도. 자비의 법석이야말
로 두루두루 사람들을 싸서 우리가 함께할 수 있다는 것
을 확인하고 있다. 이것저것 담아 무친 김치야 물론 깊은
맛을 낼 것이다.

삼천배로 생명의 불씨 하나를
살려내는 사람들

우리는 지금 법장보살을 본받아

자비심을 실천하고자 모였습니다.

올해로 10회째를 맞이하며

그간 300여 명의 환아에게

2억 2천여만 원의 지원금을 전달하여

보살행을 실천해온 조계종 사회복지재단과,

특별히 이번 행사에 동참하여주신 제8교구본사 직지사와

조계사 주지스님을 비롯한 사부대중 여러분,

그리고 이 자리에 함께해주신 모든 분께

깊은 감사를 드립니다.

오늘 세운 발원으로 부처님의 대자대비한 무량공덕이

난치병의 고통으로 시름하는 환아들과

동참하신 여러분에게 회향되기를 기원드리겠습니다.

남 탓보다 내 탓이 먼저 보이면 보
살이다. 내 아픔보다 남의 아픔이 먼저 보이면 부처님이
다. 법장보살은 "중생의 고통이 없는 정토에 이르지 못하
면 부처가 되지 않겠다"고 하셨다. 여기에 삼천배를 올리
며 땀방울로 나눔을 실천하는 사람들이 있다. 생명의 불
씨를 하나하나 살려내면 고통 없는 정토에 이르지 못할
것도 없다. 간절하다. 선근공덕을 쌓는 이들이 어찌 여기
에만 있을까 보냐.

5월, 문수스님의 소신공양

우리 모두에게 뭇 생명의 존엄성을 일깨워주기 위해

자신의 몸을 바친 문수스님의 소신공양은

한국 불교 역사에서 그 유례를

찾아보기 어려운 보살행입니다.

산과 들에서 푸른 초목이 사라지고

강물과 바닷물이 썩어 그 안에 생명이 살 수 없게 되면,

우리 인간도 온전히 살아남을 수 없다는 경고가

현실로 다가오고 있는데도

세상은 어리석은 탐욕의 발길을 멈추지 않았습니다.

이에 스님은

"4대강 사업을 중지, 폐기하라"

"부정부패 척결하라"

"가난하고 소외된 이들을 위한 정책을 시행하라"는

유지를 남긴 것입니다.

우리 사회가 스님의 뜻과 원력을 깊이 성찰하고

생명존중과 상생공영의 큰 흐름에

동참하게 되기를 기원합니다.

5월이었다. 5월 마지막 날이었다. 꽃
잎 날리고, 하천이 넘실대는 제방이었다. 갈참나무인지,
재두루미인지, 스님이신지. 밑동이 뽑힌 것일까, 다리가
부러진 것일까, 스님이 쓰러지는 것을 보았다, 스님이 불
타오르는 것을 보았다. 5월이었다. 당정을 대표하는 자들
이 소신공양을 비웃어버린 5월이었다. 4대강 사업을 강력
하게 밀어붙이겠다는 발표가 있기 하루 전, 5월 마지막 날
이었다. 눈물도 말라버린 5월이었다. 지보사에서 참선수
행 중이던 스님이었다. 꽃잎 날리고, 하천이 넘실대는 제
방이었다. 생명 하나가 쓰러지는 것을 보았다. 생명 모두
가 불타오르는 것을 보았다.

대승불교의 실천행

우리 불교계는 현대사회복지의 전문적인 방법론을 통해서

복지 활동을 적극적으로 전개하고 있습니다.

그동안 불교 사회복지 지도자 여러분은

선구적인 역할을 자청하여 대승보살의 원력으로

일구월심日久月深 구제중생의 대장정을 걸어오셨습니다.

전국 방방곡곡에서 일구어낸 1,200개의 복지 시설과

100여 개가 넘는 전문 복지 관련 단체,

그리고 매일 사회복지 현장에서 헌신하는

수십만의 불교 자원봉사자 여러분이

바로 대승불교의 실천행을 대변하고 있는 것입니다.

사회복지사업과 봉사활동을 통해 복전을 일구는

여러분의 앞날에 자비하신 부처님 위신력이

항상 함께할 것입니다.

"온 세상이 불타고 있다"고 부처님
이 말씀하셨다. 삼독심(욕심·성냄·어리석음) 때문이다.
여전히 꺼질 태세가 아니다. 감로수가 너무도 절실하다.
불교의 복지 활동은 국민의 삶 속으로 스며들었다. 지구
촌 곳곳에도 자비의 공양이 자리 잡았다. 욕망을 식혀줄
차가운 감로수가 되고 있다. 얼마든지 자긍심을 가져도
될 일이다. 복을 만들 이유를 스스로 찾고, 찾았다. '수승
전 복전'이다.

김령화, 동일본 대지진을 딛고
소녀가 일어났다

동일본 대지진이라는 어려운 여건에서도

학업에 정진하여 졸업의 큰 영광을 안은

김령화 학생에게 멀리 떨어져 있지만

다시 한번 축하와 격려를 보냅니다.

김령화 학생의 졸업은 본인의 노력 이외에도

윤종철 교장선생님을 포함한

교직원, 선·후배 학생, 학부모님 들의

부단한 노력이 있었기에 가능하였을 것이라 생각하며

오늘의 졸업식이 있도록 헌신하고 노력한

모든 분께도 감사의 마음을 전합니다.

빈 바다에는 책가방만 남았다. 파도가 소녀들과 소녀들의 꿈을 앗아갔다. 남은 소녀들은 뿔뿔이 흩어졌다. 남은 꿈도 어디로 갔는지, 바다가 보이지 않는 곳에서 소녀들을 찾는다. 조국을 떠나 일본에서 사는 일은 이중 삼중의 고통이 있다. 차별의 아픔을 딛고, 재해의 아픔을 딛고 소녀는 일어섰다. 우리는 소녀의 삶에 응원을 보내야만 한다. 파도가 빈 해변에 다가와 미안한 듯, 바다에 잠겼던 꿈을 슬며시 놓고 간다. 어느 곳에선가는, 누군가가, 늘 새로운 인생을 시작한다. 그것이 모두에게 희망이라는 것을 우리는 가끔 잊을 때가 있다.

광화문은 성숙한 사람의 공간이다

오늘 우리가 광화문 광장에서, 서울의 중심에서

우리나라의 하늘에 등을 밝히는 것은

우리 모두가 존귀한 부처의 씨앗임을 가르쳐주신

부처님께 정성으로 올리는 공양입니다.

더불어 지혜로써 마음을 맑게 하고

자비를 실천하여 부처님의 향기가 가득한 세상을

만들어가자는 간절한 서원이기도 합니다.

우리나라를 대표하는 광화문 광장은

우리의 전통이 담긴 터이며

시민들이 함께하는 도시문화의 상징이자

인간 중심의 광장입니다.

오늘 이곳에서 정의롭고 공정한 사회를 이룩하고

생명의 존엄과 인성의 회복 그리고 한반도 평화라는

우리 모두에게 부여된 무거운 짐을 덜어내기 위해

마음자리에 불을 밝힙니다.

광화문에 간다. 불씨를 지피러 간다. 작은 보탬이 되고 싶어 간다. 부정한 것은 자신이 부정한 지 모르고, 힘 있는 것은 자신이 잘못하고 있는지 모른다. 광화문은 성숙한 공간이다. 가장 평화로운 방법으로 가장 부정한 세상을 바꿔낸 공간이다. 가장 평화로운 방법으로 가장 잘못하고 있는 세상을 바꿔낼 공간이다. 광화문의 불씨는 불국토를 밝힐 씨앗이다. 동정심과 공감을 더해준 다. 광화문은 사람의 공간이다. 사람이 사람 때문에 커지 고, 사람이 사람에게 감동하는 공간이다.

경찰은 국민이 가장 가깝게 만나는 국가다

대한민국 수도 서울의 치안을 책임지고

행복한 시민을 위해 진력을 다하시는 경찰 법우님들을

만나게 되어 격려의 마음과 반가움이 가득합니다.

경찰은 시민들에게 가까운 이웃이고 벗입니다.

시민이 힘들 때 가장 먼저 찾는 이웃이 여러분입니다.

선한 인연을 지으면 선한 과보가 뒤따르는 것은

결코 깨지지 않는 가르침으로,

앞으로 여러분이 어려움을 겪게 된다면

그때에는 시민들이 여러분을 보살펴주는

좋은 인연을 맺는 것이라 하겠습니다.

언제나 그래왔듯이 서울시민의 신뢰와 사랑을 받고,

동료와 화합을 이루어 즐거운 근무 환경을 가꾸는 일에도

큰 성취를 이룩하시기 바랍니다.

경찰은 사부대중이 가장 가깝게 마주치는 국가다. 경찰의 얼굴, 태도가 정부의 철학을 결정한다. 반대로 생각하면, 사부대중을 가장 가깝게 마주치는 경찰은 가지가지 상황에 대처하고 온갖 일을 다 해야 하는 국가다. 현장에 와보지 못한 사람은 알 수도 없을 폭력, 하소연, 거짓말, 장난, 우롱, 처절함, 비탄……. 말로 다할 수 없는 것들이 매일매일 경찰을 기다리고 있다. 전생에 보살이 아니고는 견뎌낼 수 없을 직업이다. 이제 국민이 성숙해지면서 우리 경찰도 성숙해졌다. 사실은 이렇다. 경찰의 얼굴과 태도는 국민이 결정한다.

현대화에 다가가는 불교

한국교수불자연합회 여러분, 교수님들은

학문 연구에 정진하여 그 온축된 결실을

학생들에게 향기롭게 전하는 것이 각자의 사명입니다.

출가의 세계는 수행 정진과 실천이 제일의 목표라 하겠지만

여러분이 이처럼 상구보리 하화중생만을 위하기에는

현실적 어려움이 수반합니다.

여러분은 보다 다양한 현실에 부대끼며

이들에 대한 의무와 책임 또한 다해야 하기 때문입니다.

학문 연구와 교육 그 자체만으로도 고단한 일상인데,

부처님 법까지 열심히 수행하며 실천행으로

옮기고 있으니, 그 원력을 높이 평가하지 않을 수 없습니다.

한국 불교가 지성화·현대화로

한 걸음씩 나아가는 것은 여러분의 공덕 덕분입니다.

북한산의 문수봉은 보현봉과 마주
보고 있다. 문수는 지혜의 대명사이고, 보현은 행원의 상
징이다. 지행 일체이니, 둘은 떨어져 말할 수 없다. 학문은
행동의 근거이고, 현실의 기반이다. 국가 운영은 말할 것
도 없이 학문적 기초 위에 있다. 불교가 수천 년 방관한 것
이 그것이다. 불국토를 현실 권력에서 이루자는 것이 아
니다. 적어도 지식으로부터 행동에 이르는 사부대중에게
문수와 보현의 지혜이자 행원을 전하고자 하는 것이다.

희망을 지킨 어르신들의 염려

오늘 인권상을 수상하시는 '밀양송전탑반대대책위'는

8년이라는 긴 시간 동안 고령의 어르신들이

지속적으로 펼치고 있다는 특징이 있습니다.

당사자의 위치에서 본다면

평생을 살아온 삶의 터전에서의 생존권과

후손들의 행복이 위험에 처해 있다는

커다란 염려인 것입니다.

어르신들의 지혜를 통해 인간이 인간다움에 있어서

가장 중요한 인간성과 도덕성을 올곧게 지켜나간다면

제아무리 복잡한 갈등이라도

슬기롭게 풀어갈 수 있을 것입니다.

이 시대를 살아가는

누구나의 희망이자 발원이라 하겠습니다.

　　　　　　　　2007년 11월, 정부가 신고리 원전-북경남변전소 765킬로볼트 송전선로 건설사업 승인. 2008년 7월, 밀양 주민들, 송전선로 사업 백지화 요구 첫 궐기대회. 2012년 1월 16일, 이치우 할아버지 분신자살. 2013년 9월 11일, 정홍원 총리 사업 강행 시사. 2013년 12월 6일, 상동면 고정마을 유한숙 할머니 농약 음독자살. 2014년 6월 11일, 농성장 강제 철거. 2016년 12월 21일, 신고리 3호 원전 상업운전 돌입. 2006년, 한양대 의대 김윤신 교수 팀은 2002년부터 수행한 '송전선로 주변 학교 학생에 대한 극저주파 노출평가 연구'에서 송전선 근처의 어린이가 성장호르몬이 적고, 암 발생을 억제하는 멜라토닌이 적다는 연구 결과를 발표했다. 2010년, 안윤옥 서울대 의대 교수는 암의 주요한 일차적 발병 원인은 개인의 생활환경과 생활습관에 있고 극저주파 자기장이 암의 원인이라고 주장하기에는 '아직' 과학적인 증거가 부족한 상황이라고 밝혔다.

자비의 손길을 세계로, 지구촌공생회

지구촌공생회는 캄보디아, 라오스, 미얀마, 네팔, 몽골 등
아시아 국가들에서 교육사업, 식수지원 사업,
지역개발사업 등을 전개해왔습니다.
지난 10년 동안 캄보디아에 우물 2,000기를 완공하는가 하면
라오스와 네팔에 학교를 건립하여
배움의 기회를 제공하는 등 다양한 사업을 전개해왔습니다.
작년부터는 그 활동 영역을 아프리카의 케냐까지 확대하여
자비의 손길을 세계화하고 있습니다.
이런 국제구호활동은 국내 저소득층을 위한
재가복지사업이나 긴급구호활동도 쉼 없이 전개하면서
진행하고 있어 NGO 단체의 모범이 되고 있습니다.
지구촌공생회의 그동안은
한국 불교의 자랑이자 소중한 자산이기도 합니다.

월주스님은 이웃을 위한 대자대비
의 걸음을 멈추지 않았다. 지구촌공생회를 설립했다. 산
수傘壽를 넘긴 나이였다. 이 노장께서 열 번이나 해외 구호
현장을 직접 방문해 현황을 살폈다. 노장은 나눔의 집, 함
께일하는재단 활동도 하셨다. 간단치가 않다. 수행으로
눈이 뜨이셨다고 생각할 수밖에. 그것도 국내를 넘어 아
시아, 아프리카까지 도달하셨다. 젊은 수행자들의 정진이
기다려지는 까닭이다.

만해대상이 만난 사람들 1

올해도 만해대상은 정의를 위해,

인류를 위해 숨은 헌신을 아끼지 않은

영웅들을 찾아내었습니다.

'나눔의 집', 이세중 님, 아시라프 달리 님,

모흐센 마흐말바프 님, 윤양희 님, '손잡고'는

이 세상의 평화와 행복을 위해

헌신해온 분과 단체 들입니다.

전쟁과 불행이 없는 인류를 위해

진실과 평화의 세상으로 한 걸음씩 안내하고,

인권을 중시하며 시민과 사회를 위하겠다는 헌신은

만해스님의 삶과 고스란히 닮아 있습니다.

이런 영웅들을 새롭게 만나고

그 업적을 기리는 것은 한 시대를

같이 사는 사람들의 기쁨이며 영광입니다.

미래를 위해, 후대를 위해 현재를 살아가겠다는

만해사상의 21세기적 실천이기도 합니다.

현실 문제를 개선하겠다는 것은 향기로운 발심이다. 혼자 외롭게 그 역할을 짊어진 사람도 있고, 여럿이 함께 힘을 모아 부딪치는 사람도 있다. 스스로는 수줍고, 작은 역할이라 하지만 이 작은 수줍음이 결정적인 결과를 낳는다. 사실 엄청난 문제도 늘 작은 것에서 비롯되어 커진 것이다. 문제해결 역시 작은 것에서 시작하는 것이 정답이다. 모두 만해스님이 원했던 '님'의 세계다. 그리운 것이 많은 사람은, 사람을 아낀다. 보고 싶은 것이 많은 사람은, 세상을 아낀다.

만해대상이 만난 사람들 2

오늘 우리는 스스로 세상의 종이 되신 시대의 영웅들을

만해대상으로 만나고 있습니다.

국제개발 NGO 로터스월드와 청수나눔실천회,

실천대상으로 선정되신 푸른 눈의 '소록도 천사'

마리안느 스퇴거, 마거릿 피사레크 수녀님.

문예대상으로 선정되신 '엘레지의 여왕' 이미자 님과

아방가르드 시인 이승훈 선생이십니다.

모두 도움을 청하는 목소리에 굴레를 뛰어넘어

즉시 나타나시는 이 시대의 보살들입니다.

스스로 '세상의 종'이 되고자 하셨지만

모든 선한 사람이 그 앞에 머리를 숙이는

'세상의 보호자'가 되셨습니다.

깊은 경의를 표합니다.

자비를 실천하는 일에는 종교의 울
타리가 없다. 문화예술의 감동과 위로 역시 큰 공덕이다.
진정한 영웅은 힘으로 상대를 굴복시키는 사람이 아니
라 세상의 보호자가 되는 사람이다. 만해스님은 「여름밤
이 길어요」에서 "당신이 계실 때는 겨울밤이 짧더니, 당신
이 가신 후에는 여름밤이 길다"하셨다. '당신'들은 긴 겨울
밤의 근심을 덜어주신 분들이다. 짧은 여름밤을 기나길게
만든 근심은 또 어떤 분이 덜어주실까.

생명나눔실천본부의 빛나는 별들

생명의 존귀함을 알리고자 진력해온

생명나눔실천본부의 설립 20주년을 진심으로 축하합니다.

특히 올해는 세월호 사고 등,

생명에 대한 안타까움과 더불어

생명 존중의 중요성을 새삼 일깨우는

많은 일이 있었습니다.

그러기에 생명 존중, 나아가 이를 위한

실천사업을 다양하게 진행하는 생명나눔실천본부의

오랜 노고는 더욱 빛을 발하고 있습니다.

고통받는 이들에게는 희망의 등불이 되고,

건강한 몸을 가진 사람들에게는

보살행을 실천하는 향기로운 덕행이기를 바랍니다.

더불어 마음까지 기부하는 문화운동의

대표적 사례로 거듭나고,

서로 도움을 주고받는 진정한 화합 세상을

만들어나가기를 기원합니다.

　　　　　고 김수환 추기경, 안구 기증. 고 최
요삼 챔피언, 6명에게 소중한 생명을 선물. 고 송아신, "재
능 많았던 자랑스러운 딸 너를 더 살게 하려고 기증을 결
정했다." 고 최나연, 12살 소녀 4명을 살리고 별이 되었다.
선진국은 장기기증 희망 등록자가 국민의 35퍼센트에 달
하는 데 비해 우리나라는 국민의 4퍼센트에 해당되는 200
만 명 정도다. 생명나눔실천본부는 장기기증 희망 등록,
조혈모세포 희망 등록, 환자 치료비 지원, 자살예방교육
사업을 하고 있다. 생명을 나누기 위해 문을 두드린다.

연화원이 만든 하모니, 다른 한 과정

사회복지법인 연화원이 개최하는

'2014년 수화사랑음악회'를 진심으로 축하합니다.

따뜻한 음악회가 매년 열릴 수 있는 것은

해성스님과 연화원 가족들의

소중한 노력이 있었기에 가능한 일이라 여겨집니다.

장애인과 비장애인이 함께하며

아름다운 하모니를 만들고

그 하모니가 울려 퍼져 온 세상에 전해진다면

우리 사회도 행복이 가득한 세상으로 화답해올 것입니다.

우리 장애인 복지 활성화에 많은 시간을 투자하고

다양한 프로그램을 개발하여 방방곡곡

자비의 메아리가 울려 퍼질 수 있도록 하겠습니다.

부처님의 제자인 천안제일 아누룻
다 존자는 시각장애인이었다. 모든 것을 막힘없이 꿰뚫어
볼 수 있는 천안통을 얻어 진리의 실상을 낱낱이 알 수 있
었다. 지적장애인이었던 쭐라빤따카는 자신에게 주어진
복덕을 잘 활용하고 정진하여 아라한의 단계까지 올랐다.
무엇인가에 도달하는 과정은 모두에게서 다르다. 아누룻
다 존자와 쭐라빤따카는 장애인이어서가 아니라 똑같은
수행자로서 인욕과 지혜의 상징이 되었다. 단지, 다른 한
과정을 만들어온 것이다.

『솟대문학』이 키운 장애인 작가들

『솟대문학』 100호 기록은

그 어떤 찬사도 아깝지 않은 소중한 결과입니다.

『솟대문학』이 우리나라의 장애인문학을 표방하며

많은 사람들에게 소중한 마음을 선물한 25년 동안,

단 한 번의 결간도 없었다는 것은

그만큼 역할이 컸다는 것을 잘 말해줍니다.

『솟대문학』은 수많은 장애인을 작가로 키웠고

그들의 작품은 장애인문학이라는 큰 강을 만들어

목마른 장애인들의 목을 축여주었으며,

앞으로도 유유히 흐르며 더 큰 바다와 합류할 것입니다.

방귀희 발행인은 자비의 가르침을 모범적으로 실천하고

우리 사회에 헌신적으로 알려왔습니다.

참으로 고마운 일입니다.

　　　　　방 발행인은 장애인 문예지 『솟대문
학』을 만들기 위해 발기인 7명을 모셨고, 방송작가였던
자신이 재정을 맡았다. 인쇄비를 제외하고는 모두 자원봉
사로 일했다. 24년간 발행하며 수차례 폐간 위기를 겪는
등 우여곡절도 많았다. 이겨낸 비결은 소박하다. "잡지를
발행하지 않으면 회원들이 정말 서운해하거든요." 외환위
기 때는 ㈜이야기있는외식공간 오진권 대표의 후원으로
이겨냈다. 2003년, 구상 시인은 위독한 상태에서 발전기
금으로 『솟대문학』에 자비 2억 원을 기부했다. 이 기금을
토대로 매년 구상솟대문학상을 수여하고 있다. 방 발행인
은 소아마비 1급 지체장애인이다.

다시 추모사를 읽고 싶지 않다

이른 봄날부터 초겨울을 맞는 오늘까지 이곳 팽목항은

한없는 기다림과 피 끓는 절규로 가득합니다.

풍요를 꿈꾸었던 저 바다는

눈물과 통곡의 바다가 되었습니다.

그렇지만 이곳 팽목항은 슬픔만 가득했던 것은 아닙니다.

전국에서 달려온 자원봉사자들과

물심양면으로 지원을 아끼지 않은 진도 주민들

그리고 아픔을 함께 나누며

노란 리본을 달았던 수많은 국민들의

따뜻한 사랑과 정성이 가득했던 곳이기도 합니다.

죽음마저 불평등한 차별 세상에서

참사의 진상조차 제대로 밝혀드리지 못해 미안합니다.

아미타불 극락세계는

연화장 바다 위 연꽃 속에서 환생한다 하였으니

이 슬픔의 바다는 아미타불 연화장 바다로 변하고

영가님들은 그 위에 뜬

아름다운 연꽃이 되실 것입니다.

막을 수 있었던 죽음은 참혹하다. 자신의 할 일만 제대로 했다면 일어나지 않았을 죽음은 애통하다. 끔찍한 상황이 그대로 그려지는 죽음은 고통스럽다. 이유가 밝혀지지 않는 죽음은 너무 서럽다. 죽음 뒤에 막을 수 있었던 죽음이 반복된다. 미안하다는 말에 진정성이 있는지 스스로 의심한다. 우리끼리 슬퍼하고, 우리끼리 분노하고, 우리끼리 또 죽는다. 그것이 권력 때문이라면 뒤집고, 무사안일 때문이라면 세계에 대한 뜨겁디뜨거운 열망이 필요하다. 우리 때문이라면, 아, 우리 때문이라면, 바다와 골목에서 붉은 눈물을 흘려야 한다. 다시 추모사를 읽고 싶지 않다. 우리가 산문 밖에 수행처를 두어야 하는 까닭은 그것이다. 모든 죽음은 이유가 있다. 그러나 막을 수 있는 죽음에는 이유가 있을 수 없다.

우리 시대의

스승들

도의국사 (760년경~825)

780년 당나라에서 지장의 제자가 되어 불법을 물려받고 821년 귀국하여 염거에게 남선을 전했다. 이로써 신라에는 북선과 남선, 두 계통의 선이 있게 되고 도의는 가지산파의 개조가 되었다. 현재 대한불교조계종의 종조이다.

도의국사께서는 열매를 얻으려면 씨를 뿌리고 싹을 틔워야 한다는 오랜 수행의 깨달음으로, 이 땅이 머금고 있는 종자들에게 두루 비를 내려주셨습니다. 이에 모든 중생의 마음 땅에 숨어 있던 불성의 씨앗들이 시우時雨를 만나 마침내 모두가 싹을 틔우니, 구산선문이 열개列開하고 보리의 열매 스스로 이루어지듯 수많은 명안종사가 깨달음의 세계를 열어갈 수 있었습니다.

종조 도의국사의 다례를 맞아 우리 후학들은 지금 저희에게 지워진 사회적 책무를 깊이 되새기며 이 땅에 지혜와 자비의 정토를 구현하겠다고 다시 한번 다짐합니다. 이제 지극한 마음으로 맑은 차와 향으로 큰 덕을 추모하며 그 가르침을 구현하고자 서원하오니 큰 자비로 섭수하시고 종단의 앞날을 가호하여 주시옵소서.

뭉게구름이 동쪽으로 왔다. 부처님
의 대각은 가섭존자에게, 달마대사를 거친 육조혜능의 선
종은 도의국사에 의해 이곳으로 왔다. 도의국사는 바위가
되었다. 37년을 타국에서 구법했다. 40년을 진전사에 머
물며 선종의 깊은 뜻을 전했다. 언젠가는 여래의 심인이
이 땅에 전해질 것이라는 간절한 서원을 실천한 것이다.
그 간절한 발원과 인욕행이 없었다면 오늘날까지 이어지
는 면면부절綿綿不絶한 전등傳燈의 역사가 존재할 수 없었을
것이다. 그 덕화가 오늘에 이르러 이 땅이 간화선의 종주
국이 되었다. 뭉게구름이 머물다가 또 어디로 갈까.

백파스님 (1767~1852)

1767년 전라북도 고창에서 태어났다. 1790년 지리산 영원사에서 화엄종장 설파상언선사에게 구족계를 받고『화엄경』을 배웠다. 일찍이 강사가 되었으나 1815년 법의 진실한 뜻이 지혜를 오득하는 데 있음을 깨닫고 강중을 떠나 습정균혜(선정을 닦으면서 지혜도 균등하게 한다는 선의 기본사상)했다. 1822년 운문암에서 수선결사 후『선문수경』을 저술, 삼종선의 새로운 선풍을 일으켰다.

백파스님은 율律과 화엄華嚴과 선禪의 정수를 모두 갖춘 거장이었으며, 평소에 교유가 깊었던 추사 김정희는 초상화를 그린 뒤 "해동의 달마"라고 격찬하기도 하였습니다. 더욱이 임제선에 대한 본격적인 논의와 새로운 이해는 백파라는 뛰어난 스님이 출현하고 난 다음부터 시작될 수 있었습니다.

백파스님의 사상사적 위상과 관련해서 눈길을 끄는 사건은 단연 '수선결사'입니다. 그리고 이 결사의 성격이 드러나 있는 문건이 바로 「수선결사문」(1822)인 것입니다. 오늘날 「수선결사문」 완역으로 우리는 선수행의 근본을 제대로 볼 수 있게 되었습니다.

추사가 비문에 적는다. "가난하기가
송곳 꽂을 자리도 없지만 기상은 수미산을 덮을 만하다.
속세의 이름은 긍선이지만 그 나머지는 말해 무엇하리
오." 상찬이다. 스님은 조선 후기 불교 배척이 기승을 부릴
때 궁벽한 산기슭으로 밀려났다. 그러나 여기서 화엄종이
부활했다. 스님이 아니었다면 선의 방향을 어찌 잡을 수
있었을까. 흐르는 물은 오늘이지만 물에서 흔들리는 밝은
달은 지난날 스님의 생이리라.

경허스님 (1849~1912)

한국 근현대 불교를 개창한 대선사. 1849년 전라북도에서 태어나 9세에 경기도 의왕 청계사로 출가했다. 1880년 연암산 천장암에서 1년 반 동안 치열한 참선을 한 끝에 '사방을 둘러보아도 사람이 없구나'라고 시작하는 오도송을 지었다. 천장암에서 경허의 '삼월三月'로 불리는 수월스님·혜월스님·만공스님이 출가하여 함께 수행했다. 1886년 돌연 환속하여 서당 훈장을 하다가 1912년 입적했다.

경허스님은 불가의 수행 가풍이 그 명맥마저 부지하기 어려운 상황에서 선맥을 다시 잇고 선풍을 크게 진작시켜 오늘의 면모를 갖추게 하신 분이십니다. '코에 구멍이 없는 소'라는 말에 크게 깨달음을 얻으니, 이 대오견성이야말로 오늘의 한국 불교를 밝히는 새벽빛이라 하겠습니다. 스님의 문하에서 수월, 혜월, 만공, 한암 등 당대의 선지식들이 배출되니, 이 땅의 법맥은 다시 이어지고 안거의 전통이 되살아나 청정한 수행이 지속되었습니다.

스님의 발길은 불가에만 머물지 않았습니다. 역병으로 신음하는 사람들, 나라 잃은 슬픔에 찬 민족은 스님께서 항상 보살피던 중생이었습니다. 때로는 파격과 기행으로 세인들의 입에 오르내리기도 하였지만 이는 격외의 도리를 알리기 위한 방편이자 평생 안주하기를 거부한 참된 무애행의 발현이었습니다.

분명 잘 안다고 생각했는데, 정작 알
수 없는 사람이 있다. 길 끝에 도달했는데, 또 길이 이어
지고, 무수한 오솔길 어디로 갔는지 알 수 없는 사람이 있
다. 고통의 시대에는 자비가 있어야 하고, 반전의 시대에
는 파격이 있어야 한다. 사슬의 시대에는 대자유인이 있
어 민초들의 전설이 되어주어야 한다. 길 없는 길을 찾아
헤맸는데, 길 위에 서 있다. 누군가가 선승을 아느냐고 묻
는다면 단 한 마디를 할 수밖에. "아! 경허선사."

초월스님 (1878~1944)

경상남도 고성군에서 출생하여 13세에 출가해 영원사에서 공부했다. 1919년 3·1운동 당시 불교계를 이끌던 만해스님과 용성스님이 체포되자, 그들의 뒤를 이어서 대한승려연합회 선언서를 발표하고 의용승군제를 추진했다. 각 사찰에서 군자금을 모금해 임시정부와 만주 독립군 단체를 지원했으며 국민들의 민족의식 고취를 위해 『혁신공보』를 발간했다.

초월스님은 독립운동에 큰 공적을 쌓으신 분입니다. 1916년 명진학교 교장을 역임하고 일제의 탄압에 굴하지 않고 비밀단체인 한국민단본부를 결성했습니다. 천은사와 화엄사 등에서 군자금을 모아 대한민국 임시정부를 지원했으며, 『혁신공보』를 발행하여 애국정신을 고취하고 상완스님과 함께 의용 승군을 조직하는 등 독립운동에 헌신하셨습니다. 그리고 일제의 잔악한 고문에 시달리다 생명까지 아낌없이 조국 독립운동의 제단에 바쳤습니다. 지난 5월, 항일운동의 거점 사찰 진관사에서 태극기와 항일지하신문 등 독립운동 사료가 발견되는 경사가 있었습니다. 개산 999주년을 맞이하는 진관사를 축하하는 뜻깊은 발견이었습니다. 이 삶이 우리 시대에 경종을 울리고 있습니다.

　　　　부처님은 길가 고목 아래에 앉아 샤
까족을 침략한 꼬살라 군대를 저지했다. 그리고 "친족이
없는 것은 그늘이 없는 나무와 마찬가지"라 하셨다. 불심
은 언제나 나를 찾아가는 고독한 길에서도 결코 자신만
생각하지 않는다. 불심은 너를 통해서 나를 본다. 소나무
들이 높게 자라 진관사에 그늘을 드리운다. 우리의 오늘
은, 결과를 생각하지 않고 오직 옳은 일이었냐만 생각한,
어른들의 어제다.

만해스님 (1879~1944)

1879년 충청남도 홍성에서 출생하여 서당에서 한학을 배우고 동학농민운동에 가담했다. 이후 강원도 인제 백담사에서 출가했다. 1910년 국권이 피탈되자 중국 독립군 군관학교를 방문하고 1913년 귀국하여 불교학원에서 교편을 잡았다. 이 해 범어사에서 『불교대전』을 저술했다. 대승불교의 반야사상에 입각하여 종래의 무능한 불교를 개혁하고 불교의 현실 참여를 주장했다. 1918년 월간지 『유심』을 발간하고 1919년 3·1운동 때 민족 대표 33인의 한 사람으로서 「독립선언서」에 서명했다. 이후 체포되어 3년형을 선고받고 복역했다. 1926년 시집 『님의 침묵』을 출간했다.

만해스님은 「여름밤이 길어요」라는 시에서 '당신이 계실 때는 겨울밤이 짧더니, 당신이 가신 후에는 여름밤이 길다' 하셨습니다. 그리고 그 긴 밤은 슬픈 음악이 되고, 아득한 사막이 된다고 하셨습니다. 그러기에 스님이 말씀하신 '당신'은 근심에서 벗어나게 하는 분이고, 아름다운 음악을 들려주시는 분이며, 비옥한 옥토가 가득한 희망으로 안내하는 자비의 실천자입니다. 우리는 바로 그와 같은 '당신'들을 만났습니다. 자신의 삶뿐만 아니라 주위 사람들에게 만해스님의 사상과 실천을 모범으로 보여주신 여러분께 부처님의 가피가 항상 함께하시길 기원합니다.

　　　　조지훈 선생은 스님을 이렇게 평했
다. "혁명가와 선승과 시인의 일체화, 이것이 한용운 선생
의 진면목이요." 우리 근대사는 폭풍 같은 시절을 지나며
아까운 장자들을 휩쓸어갔지만, 만해스님을 남겼다. 인간
을 꿰뚫어 본 인문주의자 만해스님야말로 우리를 현대로
이어준 진정한 근대인이었다. 시대의 열망, 종교의 자비,
시인의 따뜻함을 갖춘 현대의 인문주의자가 그리운 건,
만해스님이 앞서 있었기 때문이다.

만공스님 (1871~1946)

1871년 전라북도 태인에서 태어나 1883년 금산사에 올랐다가 불상을 보고 감동하여 출가를 결심했다. 공주 동학사에 입산하여 행자 생활을 했고, 서산 천장사에서 출가했다. 경허스님의 제자이자 한국 현대 불교의 대선사로 간화선 수행과 보급에 진력했다. 1937년 마곡사 주지를 지낼 때 조선총독부 주최로 조선 31본산 주지회의가 열렸는데, 총독부가 조선불교의 일본 불교화를 주장하자 이에 호통을 치며 공박했다. 조선총독부의 창씨개명을 거부하고 수행과 참선에만 정진했다.

만공스님은 일제강점기 불교계를 일제의 강제 병합과 타락에서 지켜 오늘날 조계종단의 근간을 이룬 분입니다. 1937년 3월 11일, 조선총독부는 조선 13도 도지사와 31본산 주지들을 참석시켜 조선 불교 진흥책이라는 허울 아래 내선일치를 종용했습니다. 이때, 그 자리에서 일갈한 다음 단상에 올라 주장자를 세 번 내려치고 정교분리를 강조하는 사자후를 토한 이가 바로 당시 마곡사 주지로 참석하신 만공스님이셨습니다. 목숨을 돌보지 않는 용기가 없으면 할 수 없는 강기라 할 것입니다. 한국 독립운동사에 아로새길 이야기입니다. 광복 70주년을 맞이하여 대선사의 위상을 세상에 알리고, 선사의 위상에 맞는 예우를 해야할 것입니다.

끊어질 듯 이어지는 거문고 소리. 나
라의 명맥이 간신히 이어진 것은 정신의 끈이 끊어지지
않았기 때문이다. 수덕사 소림초당 앞 갱진교에서 울린
거문고 소리는 강건한 만공스님의 애달픈 내면이다. 거문
고는 고려 공민왕의 것으로 의친왕 이강으로부터 신표로
받았다. 두 나라의 몰락을 지켜본 거문고의 소리가 눈물
겹지 않겠는가. 식민지 백성들에게 기행은 일종의 저항이
며 카타르시스였을 것이다. 일제 통치 내내 하루하루 이
야깃거리를 양식으로 남기고 스님은 입적하셨다. 거문고
만 수덕사에 얌전히 놓였다.

만암스님 (1876~1957)

만암스님은 조선왕조가 막바지로 치닫던 시대에 태어나 대한제국, 일제강점기를 거쳐 6·25전쟁으로 폐허가 된 강산을 온전히 끌어안고 살았다. 조실부모 후 출가하였는데 엄청난 공부로 이름이 알려져 32세에 해인사의 대표 설법자인 강백이 되었다. '이 뭣고'를 화두로 7년 정진한 끝에 득도했다. 일제 침략에 맞서 민족문화를 지켜내려 애쓰던 지사였고, 폐허나 다름없던 퇴락한 터에 10년 만에 대가람을 세운 중창주이다. 근대 학교인 광성의숙을 설립하고, 불교전수학교를 중앙불교전문학교로 승격시킨 교육자이기도 했다.

만암스님은 근현대 한국 불교사를 관통하는 대종장으로 중요한 위치를 차지하고 있습니다. 1910년 경술국치로 민족 전체가 나라를 잃은 슬픔에 빠져 있을 때, 스님은 출가 본사인 백양사로 돌아와 교육사업에 매진하면서 광성의숙을 설립하고 100여 명의 학인들과 선과 교, 율장 등 삼장을 공부하며 외전外典에 대한 교육도 병행하였습니다.

1928년부터 동국대학교의 전신인 중앙불교전문학교 초대 교장직을 수행하셨고, 1947년에는 광주 정광중학교를 설립하시는 등 한국 불교의 희망과 미래가 교육에 있음을 간파하신 선구자적인 탁견을 지니셨던 이 시대의 스승입니다.

소나무들이 바다를 등지고, 해풍을
막아주고 있다. 묵묵하게 이파리들을 떨구고, 진득하게
뿌리를 내리고 있다. 아침에는 해장국을 팔고, 저녁에는
아이들이 불꽃놀이를 한다. 방풍림은 한눈을 팔지 않는
다. 해가 설악을 넘어가고 파도가 잔잔해져도 요지부동이
다. 공부란 그런 것이다. 무슨 일이 있어도 끝장을 내고 마
는 것이다. 그렇게 세상살이의 근거가 되는 것이다. 바닷
가의 소나무들이 세상살이의 방풍림이 되어주고 있다.

청담스님 (1902~1971)

경상남도 고성군 옥천사에서 출가했다. 불교계를 개혁하기 위해 1926년 개운사에서 전국학인대회를 열고, 이후 일제에 의해 훼손된 한국 불교의 회복을 위해 청정도량 만들기에 정진했다. 자신의 마음속에 우주가 있으며 스스로 주인공이라는 생각으로 자신 안에 있는 불성을 깨우칠 것을 설파했다.

"성불을 한 생 미루더라도 중생을 제도하겠다."
청담스님의 이 말씀은 오늘을 사는 후학들에게 큰 귀감이 되고 있습니다. 정법구현을 위한 위법망구爲法忘軀의 신념과 확고한 의지로 정화불사를 이루셨으니 바로 오늘의 대한불교조계종을 있게 하신 것입니다.

이 원력은 혜정·혜성·현성·동광스님, 도선사 주지 혜자스님과 문도들에게 이어져 한국 불교의 곳곳에서 자신의 역할을 충분히 해내는 힘이 되고 있습니다.

특히 농촌 사랑, 자연 사랑, 군·장병 사랑, 다문화가정 사랑, 웃어른 공경을 실천하는 효행상까지 시상하고 있어 좋은 본보기가 되고 있습니다. 다시 청담스님의 큰 뜻을 되새겨봅니다.

큰 바위는 구를 수 없다. 고통스러운 결단으로 갈라지고 둥글어져야 산 아래에 이른다. 민가의 주춧돌이 되고, 절구가 되고, 아이들의 공기돌이 되어 사람살이에 녹아든다. 본래의 모습을 잃었다고 큰 바위가 사라지는 것은 아니다. 단지 나눔이 되었을 뿐이다. 조약돌 하나가 강을 따라 바다로 가, 큰 물고기가 되었다.

운허스님 (1892~1980)

1892년 평안북도 정주에서 태어나 학식 깊은 집안에서 성장했고, 일제강점기에 측량 일을 했다. 한때 대종교 입문으로 한글 역경 사업에 눈을 떴다. 1921년 일본 행정관서와 경찰서를 파괴하기 위해 국내에 잠입했다가 탈출하는 과정에서 강원도 평강 봉일사와 인연을 맺고 불문에 귀의했다. 평생을 한글 역경 불사에 매진했다.

운허스님은 불교 경전의 한글 시대를 찬란하게 열어주신 역경의 화신이셨습니다. 부처님의 가르침이 이 땅에 전해진 지 어언 1,600여 년이 지났지만, 부처님의 가르침을 기록한 84,000자의 법문은 정작 민초들에게는 한자라는 벽에 갇혀 제대로 열어볼 수 없는 것이었습니다.

스님께서는 '팔만대장경 한글화'라는 대역사에 평생을 다 바치셨습니다. 오늘날 한국 불교가 이렇게 다양한 계층에 녹아들어 천만 불자 시대를 열게 된 것도 실은 불교 경전의 한글 시대를 만들어주신 스님의 덕이라 아니할 수 없습니다.

글자 하나에 매달려 밤새 끙끙 앓는
것은, 부처님과 사부대중을 이으려는 진심 어린 고투다.
어슴푸레 날이 밝아올 때, 관세음보살께서 더 가깝게 우
리 턱밑까지 현현하신다. 나비들이 날아와 꽃에 앉는다.
보름달은 대웅보전에도 비추고, 도심의 시끌벅적한 골목
에도 비춘다. 빗방울이 장삼을 적시고, 젊은 어깨를 적신
다. 글자 하나의 현현, 진정 눈물 나는 은혜다.

성철스님 (1912~1993)

1912년 일제강점기 경상남도 산청에서 출생하고 1993년 합천 해인사 퇴설당에서 입적했다. 1936년 해인사 퇴설당에서 참선 정진, 범어사 조실 동산스님을 은사로 사미계를 받고 출가했다. 1981년 조계종 제6대 종정으로 취임하였으나 취임법회에는 나가지 않고, "산은 산이요 물은 물이로다"라는 법어를 남겼다. 스님의 사상을 대표하는 『선문정로』가 출간되었으며, 이후 평석을 붙여 보다 쉽게 돈오돈수를 설파했다.

세상이 변해서 그런지 요즘 사람들은 '존경하는 인물'을 선뜻 대지 못하는 듯합니다. 그렇지만 우리에게는 아주 가까운 시절까지 곁에서 자상하게, 때로는 매우 엄하게 가르침을 주셨던 스승이 계셨습니다. 종교의 벽을 넘고 세대의 차이를 넘어 국민의 가슴에 이 스승을 향한 그리움이 남아 있는 듯합니다. 그래서 어떤 때는 마음속으로, 어떤 때는 소리 내어 불러보고 싶은 분이기도 합니다.

이러던 차에 '한국 불교의 상징이자 시대적 아픔을 치유한 성철 스님의 삶과 사상·깨달음과 가르침'을 정리한 『성철 평전』이 출간되어, 가슴 답답한 체증으로 고생하고 있던 국민들에게 큰 선물이 되어줄 것으로 기대합니다.

작가는 "불법에 무식한 일개 서생이 글자를 동원하여 고승의 생을 옮긴다는 것은 반딧불로 수미산을 태워보겠다는 어리석음이었다"고 겸손하게 고백하고 있지만, 철저한 자료조사를 거치고 풍부한 사진을 곁들여서 스님의 진면목을 바르게 볼 수 있게 하고, 읽는 분들에게는 마치 스님을 직접 뵙는 것 같은 느낌을 갖게 할 것입니다. 청정비구의 외길을 걸으며 평생 누더기를 걸친 채 '부처님 법대로' 사셨던 스님의 삶은 어느 한순간도 우리에게 소중하지 않을 수 없습니다.

　　　　　백련암에 주석하여 매일 아침 같은
풍경을 본다. 수십 년이다. 본시 불심은 쉽게 방향을 틀 수
없는 법. 시기 따위는 절름발이 자라요, 눈먼 거북이로다.
높고 높은 산봉우리에 앉으니 머리에는 재를 쓰고 얼굴엔
진흙을 바를 수밖에. 매일 같은 풍경을 보다 보면, 미묘한
변화가 보인다. 오랜 세월을 지나야 시야에 들어오는 것
이다. 시끄러운 거리에서 못을 끊고, 쇠를 끊으니 들늙은
이 취해 방초 속에서 춤을 춘다. 스스로의 삶에 매진한 사
람이 이뤄낼 수 있는 최고의 인간적 성취가 백련암에 있
었다. 다 때가 있다. 또 얼마나 오래, 같은 풍경을 볼까.

숭산스님 (1927~2004)

1927년 평안남도 순천에서 출생하여 '불교는 배우는 것이 아니라 잊는 것이다'라는 깨달음으로 1947년 출가했다. 세계에 한국 불교를 알리고 있는 가장 대표적 선사로 세계 불자들로부터 추앙받고 있는 스님은 『만행』이라는 책을 쓴 하버드대학교 출신의 현각스님을 비롯한 세계의 석학들을 제자로 두었다.

숭산스님은 국경도 종교차별도 미움도 없는 참 부처님의 세상인 세계일화를 증명한 인류의 스승입니다.

경허, 만공, 고봉으로 이어지는 임제선맥을 이으신 스님께서는 세계 30여 개국에 120곳의 선원을 세우고, 수십 명의 외국인을 출가시켜 제자로 삼았으며, 수만 명에 이르는 사람을 부처님의 가르침으로 이끌었습니다.

위대한 선승이면서 동시에 행동하는 스님이셨습니다. 숭산스님의 진면목은 광주민주화운동을 진압하고 10·27법난을 자행한 전두환 정권을 비판하는 서한을 보낸 일화로도 증명됩니다. '오직 모를 뿐'이라는 가르침은 이제 세계로 퍼져 지지 않는 꽃으로 피어 있습니다.

사막을 넘으면 법이 있을까. 바다를 건너면 법이 있을까. 그 옛날 구법승들은 목숨을 걸고 법을 배우고 전했다. 세계일화世界一花, 오직 사람 사는 곳마다 한 송이 꽃을 피우기 위함이었다. 가다가 절명하면 다른 분이 가고, 무릎이 꺾이면 또 다른 분이 가고. 천년 세월 동안 먹고사는 것 이상의 그 무엇이 있다는 것을 우리에게 보여주셨다. 여기, 스님 한 분이 또 길을 떠나신다.

법장스님 (1941~2005)

1941년 충청남도 서산에서 출생하여 19살에 예산 수덕사로 출가했다. 일찍부터 어린 고아들을 데려다 길렀고, 이들의 아버지와 스승이 되었다. 1994년 생명나눔실천회 이사장이 되었고, 2003년에는 제31대 대한불교조계종 총무원 원장으로 활동했다. 2004년 한국종교지도자협의회 제7대 공동대표 의장을 지냈다.

법장스님은 평소 '담아도 담아도 넘치지 않고受受而不溢, 주어도 주어도 비지 않는出出而不空' 큰 바랑을 가지고 있다고 하시면서 법문을 하실 때마다 대중들에게 여러분의 슬픔을 그 바랑에 모두 넣고 가겠다고 말씀하셨습니다.

그 큰 바랑에 중생의 슬픔을 거두어주시고, 한없는 자비를 꺼내주시던 법장스님은 말 그대로 '고통을 모으러 다니는 나그네'였으며 포대화상의 현신이셨습니다.

스님께서는 생명 나눔 운동을 전개하며 한 생명이라도 더 구하기 위한 보살행을 실천하셨으며 끝내 마지막 남은 법구마저 병원에 기증하고 떠나셨습니다. 스님의 신심信心과 원력願力, 무사심無私心이 그립습니다.

어른이 되어서 업혀본 일이 없다. 누
구를 업어본 기억도 가물가물하다. 어머니의 등, 누이의
등, 그 따뜻하고 포근한 느낌을 왜 잊고 살았을까. 누구를
업는다는 것은 슬픔이 슬픔 위에 얹어져 작아진다는 것을
뜻한다. 몸과 몸이 닿는다는 것은 슬픔이 번져나가 옅어
진다는 것을 뜻한다. 왜 몰랐을까. 슬픔은 슬픔을 만나야
한다는 것을. 고통은 고통을 만나야 한다는 것을.

법정스님 (1932~2010)

1932년 전라남도 해남에서 태어나 한국전쟁을 겪으며 인간 존재에 대해 의문을 가지게 되었고, 1954년 효봉스님의 제자로 출가했다. 사미계를 받은 후 지리산 쌍계사에서 정진했으며 양산 통도사에서 비구계를 받고, 해인사 전문 강원에서 대교과를 졸업했다. 이후 송광사 뒷산에 불일암을 지어 지내면서 무소유의 삶을 실천하고 세상에 알렸다.

법정스님은 크게 버리는 사람만이 크게 얻을 수 있다고 말씀하셨습니다. 『무소유』라는 불후의 명작도 남기셨습니다. 불자는 물론 일반 독자까지 불교에 가까이 다가서게 만든 『무소유』는 우리 시대 최고의 불교 포교서라고 해도 과언이 아닙니다.

무소유의 가르침처럼 스님은 언제나 버리고 떠나셨지만, 강원도 오두막에서 이 세상을 진리의 말씀으로 가득 채워주셨습니다. 이제 그 주옥같은 말씀을 다시 들을 수 없다고 생각하니 아쉬운 마음이 가슴에 사무칩니다.

누이의 책꽂이에서 느티나무 그늘
이 드리워졌다. 누이가 가만히 앉아 있는 시간도 많아졌
다. 덩달아 누이의 곁에 앉아본다. 침묵의 시간을 견딜 줄
알아야 성숙해지는 것인가 보다. 이제 곧 봄이 오겠구나.
빈자리에는 낯선 사람들이 앉았다가 돌아가겠구나. 많은
이의 책상에서 침묵이 친구가 되었다. 느티나무 그늘이
커지고 있다.

천운스님 (1932~2010)

16세에 내장사에 들어가 월정사에서 출가했다. 한국 전쟁 당시 군 포교에 힘쓰고 1971년 광주 향림사를 창건해 어린이법회, 중고생 법회, 수련회 개최, 포교사단 활성화 등 도심 포교에 힘쓰고, 광주불교대학·대학원, 향림유치원, 향림사 어린이집, 해남 한듬어린이집, 신용협동조합 등을 설립하고 우산사회복지관을 운영했다. 호남불교를 일으킨 개척자이며, 현대 도심 포교, 불교 교육과 복지의 방향을 정립한 선각자이다.

천운스님께서는 높은 산이셨지만 낮은 동산처럼 중생들 곁으로 몸을 나투셨습니다. 도시의 변두리 거친 땅에 사는 사람들에게 찬불가를 보급하고 어린이와 청소년에게 친히 다가가시니 이것이 현대 한국 불교에서 포교당 운동과 문서 포교 그리고 청소년 포교는 물론 찬불가 보급의 신기원을 여는 것이었습니다. 스님께서는 부모를 잃고 힘들게 살아가는 어린아이 200여 명을 거두어 훌륭하게 키워내셨고, 그중에는 스님을 이어 수행과 전법의 꽃을 피우고 있는 분들도 계십니다.

스님께서는 이판과 사판을 가리지 않고 우리 불교사에 큰 자취를 남기셨고 열반에 드시는 순간까지 수행자의 본분을 다하셨습니다. 어려운 사람들을 위한 보살행이 영원히 큰 자취로 남을 것입니다.

바쁜 삶이다. 자기 앞가림하기에도 여력이 없다. 내일, 내일로 미루다가 자칫 쌓아만 두었지, 내놓지를 못한다. 아니다. 중요한 일은 미뤄둔 자리에 있다. 지금 해야 한다. 허허벌판에서 시작해야 한다. 궁색한 곳에서 시작해야 한다. 돌보지 않는 자리에서 시작해야 한다. 그렇다. 열반은 바로 지금, 여기 현재의 삶에서 실현하는 것이다.

수산스님 (1922~2012)

1922년 전라북도 순창에서 태어났다. 1941년 사미계를 수지하고, 다음해 비구계를 수지했다. 1944년 만암스님의 '이 뭣고'를 참구, 공부의 기틀을 세웠다. "중벼슬 닭벼슬만도 못한 것이니 자리에 연연하지 말고 묶이지 말라"고 말씀했다. 소탈 담백하게 평상행을 실천하고 평생 가람 수호와 포교에 진력했다.

수산스님, 약관이 채 되기도 전에 부모의 겹삼년상을 치르며 인생의 무상함을 느끼고 '다시 태어나는 일은 이 생에서 끝내자'는 결심으로 백양사에 출가하신지 70여 년, "환을 여의고 본가로 돌아가노라" 하시니 평생 찾으셨던 무위진인無位眞人의 자리를 찾아가십니까? 스님께서는 화두를 놓지 않고 실참 정진을 계속하셨습니다. 마침내 화두를 놓으려야 놓을 수 없는 경지에 이르러 수중에 해와 달이 들어오고 하늘과 땅을 움켜쥐게 되니 소소영영昭昭靈靈한 참된 주인공의 명명백백한 모습과 마주하게 되셨습니다.

끊임없는 실참 수행 가운데서도 가람수호와 대중교화에도 남다른 원력을 펼치셨으니, 불교 포교의 불모지였던 곳들이 스님의 원력에 의해 그 모습을 새롭게 하였습니다. 차별 없는 참사람이 하나 있어無位眞人 항시 얼굴을 통해서 출입한다고面門出入 하였으니, 이제 그 참사람의 면목을 다시 내보여주소서.

비탈 막에 다다르면, 잠시 멈추게 마
련이다. 아찔한 고개 끝에서는 무념의 바람이 땀을 식혀
주겠지만, 인간은 멈춤의 이유를 갖가지로 만들어낼 수
있다. 스님은 내면에서 만들어내는 이유들을 모두 거부했
다. 머리가 일어 상기가 푹 익어버릴 지경이었다. 그대로
비탈 막을 치고 올라가신 것이다. 이제야 스님의 일대사
안거를 해제한다. 스님, 내려는 오실랍니까?

성수스님 (1923~2012)

1923년 경상남도 울주에서 태어나 '나도 한번 원효대사 같은 인물이 되어보겠다'고 맘먹고, 1944년 양산 내원사에서 출가했다. 1948년 해인사에서 성철스님과 청담스님이 주도한 봉암사결사에 참여하여 3개월간 수행했다. 1969년 경봉스님에게 법을 전해 받았다. 1988년 함양에 황대선원을 개원하고 시민선방도 열었다. "1초도 늦추지 말고 지금 이 순간부터 자기를 고치는 삶을 실천해야 한다"고 설법했다.

성수스님, 영축산의 봄을 알리던 홍매화와 벚꽃도 하루아침에 그 꽃잎을 떨구며 스님을 애도하고 있습니다. 범어사 일주문에서 동산스님을 향해 "제일가는 도인 나오라"고 대성일갈하던 모습이나, 효봉스님의 멱살을 잡고 도를 내놓으라고 사자후를 토하던 모습이나, "일념이 무엇인지 가르쳐주고 닦으라고 하라"며 성철스님의 멱살을 잡던 일화는 단순한 결기가 아니었음을 후학들은 기억하고 있습니다.

스님의 멱살잡이가 임제의 할喝과 덕산의 방棒에 무엇이 다르다 하겠습니까. 끈기 있게 매달리는 근성과 치열한 결기로 마침내 천하 만물이 선 아닌 것이 없고, 세상만사에 도 아닌 것이 없는 경지에 이르러 평온에 머무신 것이라 하겠습니다.

　　도의 시대가 아니라 돈의 시대다. 구
법은 어디 가고 군법 가득한 시대를 지나왔다. 이 시대의
사자후는 고독하다. 결기를 받아줄 어른들이 가고 없다.
그것도 좋다마는, 가벼운 깨달음들끼리 키 자랑이다. 부
족함이 없는 곳을 향해 어떤 멱살잡이를 할까. 부자의 시
대가 가고 불자의 시대가 올까.

도견스님 (1925~2013)

1925년 경기도 강화에서 태어나 1944년 강원도 오대산 월정사 관음암에서 출가했다. 1944년 오대산 상원사에서 한암스님을 계사로 사미계를, 1949년 해인사에서 상월스님을 계사로 비구계와 보살계를 수지했다. '송광사 3년 결사'를 비롯해 통도사와 범어사 등지에서 동산스님, 구산스님 등을 모시고 결사에 임했다. 수행처에는 언제나 『금강경』이 펼쳐져 있었으며, 한주 시절 『금강경』 1,000여 권을 찍어 법보시를 하기도 했다.

도견스님, 일생동안 '한 물건一物'이라는 화두를 놓지 않으시면서, 대중들에게는 『금강경』을 보시하며 선객의 교과서를 손에서 놓지 말라고 당부하시더니 이렇듯 세연을 놓으시는 것은 그 한 물건을 찾으신 것입니까.

인욕보살의 표상이자 대선지식이셨던 지월스님께 '잘못은 잘할 수 있는 근본'이라는 따스함을 익히고, 손수 허드렛일에 나서고 게으른 수좌를 보면 눈물을 흘렸던 스승을 통해, 마음에 새긴 하심과 근검절약을 수행의 지표로 삼은 모습은 후학에게 새로운 지표가 되었습니다. 마음자리를 찾는 공부가 좋아 평생을 수좌로 대중 생활을 계속하신 것이나, 은사스님께서 열반에 드신 해인사에서 수행을 계속하신 각별함은 숙연함을 더합니다.

흙은 부드럽다. 부드러워서 작은 풀을 기르고, 큰 나무에게 자리를 내준다. 부드러워서 폭우와 폭설을 받아주고, 원한 맺힌 마음을 풀어준다. 흙은 말을 거두고, 본래 그 자리에서 고고하다. 부드러워서 일찍 세상 이치를 깨닫는다. 스님은 고요한 미소로 '그물에 걸리지 않는 바람처럼, 진흙에 물들지 않는 연꽃처럼 청정한 부처님의 마음'을 보여줄 뿐이다. 가야산에서는 흙이 따뜻하다. 아침 해가 일찍 닿는다.

무진장스님 (1932~2013)

1956년 부산 범어사에서 동산스님을 은사로 출가해 범어사 강원과 동국대 불교대학·대학원을 졸업한 후 태국 방콕과 일본에서 공부했다. 1971년 귀국 후에는 서울 조계사에서 불교 발전과 대중 포교에 진력해, 법문을 청하는 곳이라면 어디든 찾아갔다. 불교 대중화의 밑거름이 된 조계종 포교원 설립의 초석을 놓았고, 제2대·4대 조계종 포교원장을 맡기도 했다. 평생 청빈한 삶을 지켜 '일곱 가지가 없는 칠무七無 스님'으로 불렸다. 그 일곱 가지는 사찰(주지), 돈, 솜옷, 모자, 목도리, 내복, 장갑이다.

무진장스님, 꿀벌 한 마리 살 것 같지 않은 도심에도 국화 향 따라 벌과 나비가 날아오듯이 각박한 도시의 한복판에서 스님의 법향은 멀리 가는 향기가 되어 많은 중생에게 불법 인연을 맺어주셨습니다. 많은 사람이 살고 있기에 그들을 인도하기 위해 도시에 살아야 한다고 서원했던 스님의 마음은, 결국 조계사의 지킴이로 화현했습니다. 이제 이 땅의 중생들 다 놓아두시고 어느 세계의 중생을 교화하러 떠나십니까? 이곳에 가득한 가을 국화는 스님의 열반을 슬퍼하는 조화가 아니라 무량 복덕을 짓고 떠나시는 이 시대의 부루나존자를 배웅하는 미소입니다. 청하올 그날에 속히 돌아오시어 청아한 법음으로 저희의 눈과 귀 밝혀주소서.

　　　　　도심을 걷다가, 진열해놓은 승복이
출가를 유혹한다. 유리창 너머 벼루와 붓이 여백의 삶으
로 들어오라고 손짓한다. 발 앞에 우뚝, 도심의 절은 "이렇
게 사는 게 맞나?" 생각하게 한다. 몇 걸음 가다가 되돌아
와 합장을 해본다. 불심은 아스팔트에도 깃들어 자동차들
이 감속 중이다. 어느새 조그만 차 봉지 하나 들고 귀가 중
이다.

법전스님 (1925~2014)

1925년 전라남도 함평에서 태어나 14세 때 부모님에 의해 장성 백양사 청류암에 맡겨졌다. 3년의 행자 생활을 끝내고, 영광 불갑사에서 설제스님을 은사로, 설호스님을 계사로 사미계를 받고 출가자의 길에 들어섰다. 성철스님이 '군불견가權不見可'의 뜻을 묻자, "노장님이 군불견가를 물으시면 제 발로 스님의 등가죽을 차버리겠습니다"라 답했다. 성철스님에게 정식으로 법제자로 인정받고 시봉했다. 전국의 제방선원을 돌며 수선안거했으며, '절구통 수좌'라는 별칭이 따라다녔다. 한번 화두를 들고 참선에 들면 며칠째 한자리에서 미동도 하지 않은 채 용맹 정진했기 때문이다.

법전스님은 실로 가행정진의 수범垂範이셨습니다. "화두 떨어지면 죽는다고 생각하면 졸 수 있겠느냐"고 되물으셨던 일화는 선객들의 지남指南이 되었습니다. 해인사 총림의 법도를 세우셨고, 종단을 위해서도 항상 앞에 계셨으니 수행 가풍이 크게 진작되고 후학은 일생의 의지처로 삼아 정진할 수 있었습니다. 언제나 "나의 가장 친한 친구는 천장과 벽, 방바닥"이라고 하시며 수행자의 자세가 어떤 것이어야 하는지 가르쳐주셨습니다. 이곳 가야산 산빛과 물소리에 달마가 온 까닭이 가득합니다. 하루속히 사바로 돌아오셔서 스님이 받으셨던 그 파참재罷參齋를 나눠주소서.

선방 좌선은 당당하다. 누추가 오히
려 빛난다. 한번 화두를 들고 참선에 들면 며칠은 한자리
에서 미동도 하지 않는다. '절구통 수좌'란 스님의 별칭이
용맹스럽다. "수행자는 바보 소리, 등신 소리를 들어야 비
로소 공부할 수 있다. 바보처럼 꾸준히 가라. 그래야 자신
도 살리고 세상도 살릴 수 있다." 선한 일갈이다. 만암스
님, 성철스님에게서 받은 계율이었다. 서쪽에서 무엇이
왔는가. 스님의 임종게만 홀연히 남았다. "바위 앞에 석녀
가 아이를 안고 재우고 있구나."

우리는 자승스님을 잘 모릅니다. 담아두셨기 때문입니다. 말이 오면 귓속에, 칭찬이 오면 바쁜 발걸음에, 오해가 오면 마음 가장 넓은 곳에, 지식이 오면 끄덕임에 남겨두십니다. 가타부타 옳고 그름을 판가름하신 일이 없고, 일일이 자신의 생각 내보인 적이 없으셨으니, 우리는 모릅니다. 짐작할 뿐입니다. 내 얘기도 들어주셨으니 다른 사람의 얘기도 들어주셨겠구나. 내가 잘한 일인 줄 알았는데 스님의 도움이 있었는지 모르겠구나.

겨울이 저기 산등성 모퉁이를 돌아 봄 쪽으로 갈 무렵이었습니다. 스님 좋아하는 무지렁이 몇이 스님께 청해 자기 얘기를 좀 세상에 내보내주시길 바랐습니다. 마침 출가 반백년을 앞두고 계셨습니다. '묵묵부답', 공양을 마치신 뒤 찬바람을 가르고 어둠속으로 천천히 걸어가셨습니다. 남기고 갈 것은 늘 말이 아니라는 것을 알고 계셨던 걸까요. 아직 할 일이 많으시겠다, 여겼습니다.

그래도 한두 가지 담아두신 것을 꺼내 보여주셨습니다. "태어난 곳이 화천은 아니야, 살던 집이 수몰이 돼서 화천으로 간 거지." 강물 밑에 남은 신작로, 가족들의 뜨거운 숨소리가 남은 집

터들, 소양강댐에서 양구로 가는 뱃길에서 수몰된 마을을 본 일이 있었습니다. 나에게 닥친 일이 아닌데 서늘한 상실감이 들었습니다. 어쩌면 스님 마음 저 깊은 곳 어딘가, 상실을 넘어선 깨달음이 있는지 모르겠다 생각했습니다.

"스님, 수행하실 때 화두는 뭔가요?"

"꼬르륵."

좀 밋밋한 물음에 대한 농이었을까요. 아닙니다.

"수행 중에는 뱃속 꼬르륵 소리를 붙들고 세간, 출세간을 방황하게 돼. 결국 우리가 사는 일은 꼬르륵 소리를 꽉 붙드는 일 아닐까."

아리송하지만 명확한, 먹고사는 일을 벗어난 것이란 결국 있을 수 없다는 말씀으로 들렸습니다. "스님, 전국 수많은 사찰 가운데 어디를 제일 좋아하세요?" 순진한 질문에 "문경 봉암사"라는 짧은 대답이 돌아왔습니다. 대중에게 닫혀 있는 수행도량이었습니다. 어떤 목마름 같은 것이 뒤늦게 느껴졌습니다.

많은 일을 하셨습니다. 천천히 쌓으셨습니다. 용기 있는 변화를 격려하셨습니다. 더 많이 함께할 수 있도록 두루 빈자리를 놓아두었습니다. 그 안을 자세히 들여다보면 따뜻한 파격이 있었습니다. 그렇게 또 세상에 더 많은 공간을 남겨두고, 단번에, 우리 곁을 떠나셨습니다. 모든 것을 담은 채 가셨으니, 우리 마음의 빚도 툴툴 털 수 있게 되었습니다. 그리워하는 것, 부처님 마음으로 사는 것은 남은 우리들의 몫입니다.

스님 가신 지 1년, 무지렁이들이 엮은 스님의 말씀을 세상에 내보임으로써 '묵묵부답'의 속뜻을 조금이나마 기리고자 합니다. 말이 넘쳐나는 시대에 그렇게 홀로 말을 아끼신 분에게 너무나 죄송한 일이 될는지도 모르겠습니다. 그러나 큰스님의 부재가 단지 무지렁이들만의 슬픔은 아닐 것입니다. 찬바람을 짊어지고 가시려 했던 걸까요. 동백꽃은 언제 필까요. 스님, 어디 계십니까.

—

신동호 삼가 합장